「めんどうくさい人」の接し方、かわし方

師匠談志と古典落語が教えてくれた

立川談慶

PHP文庫

○本表紙図柄＝ロゼッタ・ストーン（大英博物館蔵）
○本表紙デザイン＋紋章＝上田晃郷

まえがき――「めんどうくさい」って何？

「めんどうくさい」って、一体どういうことをいうのでしょう。

我が家の思春期の息子たちからいつも「パパはめんどうくさい！」と言われ続けている立場からすると、実はこの言葉に愛着すら感じる日々であります。

子どもたちが小さい頃はそんな風には言われたことはなかったのに、五十歳を超えたあたりからしきりに「めんどうくさい、めんどうくさい」と言われるようになりました。「めんどうくさい」は加齢現象なのでしょうか（いや、私個人のケースでしょう）。

落語の中では「めんどうくさい」というよりもより江戸っ子らしい「しちめんどうくさい」という言葉が使われています。師匠・立川談志が発掘した落語「人情八百屋」では、火消しの鉄五郎が八百屋の平助に「兄弟分になってほしい」とお願いする時に「しちめんどうくせえ付き合いはねえから」と言います。「しち」はこの場合、強調語として機能します。つまり「めんどうくさい」の更なるパワーアップバージョンが「しちめんどうくさい」という言葉なのであります。

時代が平成になった今でも、「しちめんどうくさい」はともかく「めんどうくさい」という言葉はうちの倅《せがれ》たちをはじめ、誰もが頻繁《ひんぱん》に使っている言葉のように感じます。

改めて「めんどうくさい」って一体何でしょう？　どんな状況を指すのでしょう？　同じ形容詞ですと、たとえば「空が青い」とか「背が高い」とか「顔がかわいい」やら「頭がいい」などは、一目で状況がわかりますよね。なのに「めんどうくさい」となると、ハッキリとした絵が浮かぶわけでもないので、よくわからなくなります（ほんと、めんどうくさくなります）。

手元の『広辞苑〔第六版〕』によれば、「面倒臭い」が「非常に面倒である」と説明されていて笑いましたが、【面倒】ですと、

①体裁が悪いこと。見苦しいこと

②物事をするのがわずらわしいこと。手数のかかること

③転じて、世話。厄介

とのことでした。余計イライラしてしまいますなあ。そんな心許《こころもと》ないアバウトな形容詞を、日本人は隠れ流行語のように使って日々暮らしています。

この本は、そんな「めんどうくさい」という言葉自体にフォーカスし、その実態

を明らかにし、あなたの人生を見晴らしよくすることを約束します。読み終えた後には、めんどうくささから解放され、モヤモヤがなくなり、霧が晴れたような心持ちになっているはずです。

どうぞ一席お付き合い願います。

「めんどうくさい人」の接し方、かわし方◉目次

第二章 師匠談志に鍛えられた「前座時代」をお話しします

第五章 「折れないメンタル」の育て方

第六章　「めんどうくさい人」を味方にしてしまおう

第七章　この「対応力」をビジネスに活かす！　恋愛に活かす！

本文イラスト——著者

第一章

なぜ私たちは「めんどうくさい」のか

いまや世の中、「めんどうくさい人やモノ」だらけ

女子高生の間では「めんどうくさい人やモノ」のことを「メンディー」と呼ぶそうです。「メンディー」なんて、なんだか中学校の英語の教科書に出てくる、「誕生日おめでとう！」と言われていきなり「ハッピーバースデー」を歌い始める、痩《や》せているフランス語の先生の名前みたいですな（私の時代はルメー先生でした）。流行《はや》りすたりに敏感な彼女たちは感性という本能のまま生きているだけあって、あらゆる言葉を簡略化させる術に長《た》けています。効率を追い求める彼女たちは「気持ち悪い」という短い言葉ですら「キモい」としてしまいます。

逆に、彼女たちが頻繁《ひんぱん》に使う言葉だからこそ、より労力の少ないより短い言葉に変換され、その結果として、日頃のコミュニケーションがより円滑に図られるのですから、これは、「めんどうくさい人やモノ」が、十代の女の子たちの間にも異様と言っていいほど増えている証《あかし》なのではとも思えてきます。

確かに「少しだけ嫌なモノや人」を形容するのに、「めんどうくさい」という言

葉は非常に便利です。人間、「本当に嫌な人やモノ」は口に出すだけでも憚《はばか》られるものです。

特に日本人は「言霊《ことだま》のさきわう国」に生まれ育ったせいか、その傾向が強いような気がします。

つまり「めんどうくさい」という言葉は、非常に守備範囲の広い言葉でもあるように思われます。許容できる低レベルの「嫌なモノ・人」から、キライになる寸前の状態の「嫌なモノ・人」までと、まるでイチロー選手の守備範囲のようですな。

「うちの部長、飲みには連れて行ってくれるんだけど、必ず自慢話をするんだ」

「めんどくさいねえ」

「彼がね、いちいち今日はどこに行くの？　ってメールしてくるの」

「めんどくさいねえ」

「ああ、レポートの締め切り、一週間短くなっちゃった」

「めんどくさいねえ」

野球中継で「ノーアウト満塁、今日三本のヒットを打つ絶好調男がバッターボックスに入りました」「こりゃピッチャーにしたらめんどくさい場面ですねえ」。

大相撲で「横綱は盤石《ばんじゃく》ですが、前みつを取られるとめんどくさくなりそうな予感もします」。

サッカーの試合で「おっと、ここでイエローカード！」「この位置からのフリーキックとなるとめんどくさいですね」……とまあ、居酒屋やファミレスで集音マイクを設置しておいて、三日間録音したら、ほんと頻繁に聞こえてきそうな単語ではあります。

「守備範囲が広い言葉」と先ほど言いましたが、こうなるとそれだけでなく「ユーティリティプレイヤー」でもあるように思います。つまり、どのポジションも守ることができて、なおかつその守備範囲も広いというのですからまるで「万能語」でもあります。

しまいには「人と話していて相づちに困った場合、あるいは人の話を一瞬聞き逃《のが》したような急場しのぎの時には、『めんどうくさいですね』ととりあえず言っておけばいい」なんて、まるで「おばあちゃんの知恵袋」にでも出てきそうな感じすらします。

確かに大事な飲み会などで、ビールを飲み過ぎてしまい、瞬間寝落ちしたような場合、その最前の会話の内容を聞き逃した時、「いまの話、聞いてなかった。もう一度言って！」というのは相手にとって失礼です。

そんな時にひとまず「めんどくさいですよねえ、そりゃ」と言っておいて、その場をやり過ごすことで時間を稼ぎ、その話の前後からテーマを察知し、そして推察し、会話の軌道修正をするということは、かなりアクロバット的なスキルを要する難易度の高い話術ですが、やろうと思えば可能です。

実際何度か自分もそんな修羅場をかいくぐったこともあります（いや、無論そうなる前に寝ないできちんと話を聞くべきなのですが）。これって、なんだかまるで失敗しかけた料理に「とりあえず、味の素振って誤魔化《ごまか》しておこうか」みたいにリカバリーショットを狙う感じではありますな。

ことほどさように、「めんどうくさい」という言葉は、以前より進化したような気さえします。言葉の天才、師匠・立川談志は「言葉は文明だ」とも言っていました。世につれ、時代につれ、その本来の意味合いも変わってゆくものなのでしょう。

全日本人の全会話のどんな場面にも、なんの違和感もなくピタリと当てはまる変幻自在のパズルのピースのような言葉、それがいまや「めんどうくさい」ではないでしょうか？

本当、めんどうくさいという言葉は、「めんどうくさくなるほど」多種多様なケースで、使用されているのです。

言葉って不思議な力があります。「気持ち悪い」という言葉が「キモい」と略された結果、まるで体が軽くなったかのように羽ばたいて、本来「気持ち悪い」という言葉が意味した以上にいろんな意味を網羅する言葉となってしまった感があります。

「めんどうくさい」も「メンディー」と詰まったせいで、よりその自由性を確保し、幅広いエリアを管轄《かんかつ》するかのようになったともいえるのではないでしょうか？

文明は「めんどうくささ」をなくすために機能を高め、より進歩してきたはずです。なのに、そんな**過去に比べて非常に高度な文明を享受しているはずのいま、かつてより「めんどうくさい人やモノ」が増えている**というのは、なんだかものすごいパラドックスのように感じますよね。

「めんどうくさくない人」は魅力的なのか

いまや世の中、草食系男子がもてはやされるようになりました。文明の進歩が煩《わずら》わしさをなくす方に進むのだとすれば、女性の好みも、「めんどうくさくない、扱いやすい人やモノ」を志向するのは必然です。

いや、女性に限らず男性も、すっきりしている人やモノを追い求めるのは当たり前でしょう。モテ方は世につれ、世はモテ方につれなのですから。

余談ですが、「男が草食系になるのはわけがある。女性は花だから」という名言を吐いた人がいました。なるほどとは思いますが、そんな「食用菊」みたいな「見て良し、食べて良し」という女性は極めて少ないというのも事実です（ま、実際食用菊は普段の家庭の食卓にはあまりのぼりませんけどもね）。

はてさて男も女も、自分のことを棚に上げて好き勝手に言い合っていますが、ここで、「めんどうくさくない人は魅力的かどうか」について考えてみましょう。

めんどうくさくない人とは、文明の進歩が要求した結果この世に現れた「処理しやすい人」とも言い換えることができます。さきほど「めんどうくさい」は万能語という言い方をしましたが、これにならっていうと「めんどうくさくない人」とは、誰にでも合う、どこでも合う、どんな時でも合うという野球で言うならば、ユーティリティプレイヤーのようなイメージでしょうか。灰汁《あく》もなく、澄んだ人、文句を言わないようソツなく万事こなしてしまうような人でしょうか。

ここから想起されるのが、「回転寿司」です。なるほど回転寿司は現代人のわがままや欲求を全て飲み込み、それらを具現化した商業形態と言えます。「値段も手ごろで、速くて、老若男女全てをターゲットにしていて、そこそこ味も悪くない」。実際まだうちの子どもの小さい頃は「困ったときは回転寿司」でありました。共働きの我が家です。食べ盛りの男の子二人を抱えて日々のご飯作りは、カミさんにしてみれば重労働です。たまの休日は家族そろって「外食したい」となります。

そんな時に、私は「がっつり食べたい」、カミさんは「さっぱりしたものが食べたい」、長男は「お魚が食べたい」、次男は「ケーキが食べたい」などなど意見が割れたものでした。

その結果、これらの最大公約数の満足を叶えてくれるのが回転寿司ということになります。ま、最後はいつも「泣く子と地頭にはかなわない」の喩《たと》えの通り、決まって馴染みの回転寿司でしたっけ。

私は何皿も食べることができて、カミさんは酢の効いた少量の握りと貝の味噌汁、長男は大好きな魚にありつけ、次男は回ってきたプリンを食べるという具合に、みんながそこそこ満足します。

子どもはすぐ大きくなります。そんな一昔前のことが懐かしく思えてきて、「おい、久しぶりに昔よく行っていたあの回転寿司に行こうか」と先日、声をかけてみました。親は、子どもがいつまでも子どもでいてほしいと願う生き物なのかもしれません。

すると声変わりした反抗期真っ盛りの長男は、こう答えました。「あそこさ、しばらく前から全部ワサビ抜きになっちゃったんだよな。俺はもう卒業したよ」。いつも長男の真似ばかりしてオトナぶり始めた次男も「僕、もう子どもじゃないんだよ」。

こちらの回転寿司サイドの「ワサビ抜き」への転換は、「老若男女全てをターゲットにしているんだ」という企業理念、決意表明にも感じられます。あるいはもしかしたら「ワサビのある寿司を幼い子が食べて泣かれて困った」というクレームがあったのかもしれません。

また厨房《ちゆうぼう》などの現場では「ワサビなしとワサビありと逐一《ちくいち》分けるのは大変だ」「めんどうくさい」などなど意見が相次いでの結果かもしれません。いろんな深謀遠慮があっての「オールワサビ抜き」という結論なのでしょう。

一概にその是非を問うつもりは無論ありませんが、「オールワサビ抜き」というシステムを用いたその店が我が家の外食の数少ない選択肢から消えたことは事実です。いや、我が家に限らず、子どもから大人へと移行する成長期のお子さんを抱えたご家庭では、そんなお宅も案外多いのではないかと思います。

「めんどうくさい」を拒否し、「効率」を追求する過程で現れたのが外食産業であり、回転寿司はその最たるもの、象徴かとも思えます。お客が寿司を選ぶという従来の寿司屋では一番の醍醐味《だいごみ》とも言うべき行為すら、回転装置という文明の利器に無防備にゆだねさせているのですから。

そんなシステムであればこそ、社内でも「めんどうくささ」の排除を理念としようとする方針は合目的《ごうもくてき》的のはずです。みんなの口に合うことを目指した「ワサビ抜き」を選択した結果、更なる小さなお子さんを抱える支援者を増やすのかもしれませんが、我が家をはじめとした成長期の子がいる家庭からの支持など、失うものも少なくないと思います。

真意の程はわかりませんので一概になんとも言えませんが、なんだか残念で、もったいないような気がします。

めんどうくさいを排除するのが「文明」ならば、文明はどんどん進歩し、進化します。文明の凄《すご》いところはずっとそこには止まっていないところです。つまりとことん「めんどうくさいもの」を排除し続けます。ありとあらゆるものの中から、**自動的に「めんどうくさいもの」を検索し出し、勝手にそれを排除する方向で進んでゆくのが文明**です。

さて、最前「めんどうくさくない人」を「文明的に処理しやすい人」と定義しました。では「めんどうくさくない人」＝「文明的に処理しやすい人」は果たして魅力的と言えるでしょうか？

回転寿司とは値段も客層もその商売の主旨もまるで違いますが、高級寿司店を考えてみましょう。手銭《てせん》ではまず行かない高級寿司店ですが、板前さんと仲良くなると、その階級に驚かされます。非常に「めんどうくさい」のです。

やはり日本の文化を担う者同士というか、板前さんと落語家ってとても打ち解けやすいというか、親和性があるのです。まず板さんのランクのトップが板長《いたちょう》、いわゆる花板《はないた》です。続いて立板《たていた》、以下、お吸い物を作る椀方《わんかた》、煮物を作る煮方《にかた》、焼き物を作る焼方《やきかた》、揚げ物を作る揚場《あげば》、そして盛り付けなどを担当する雑用係、いわゆる小僧という純然たるヒエラルキーがあるそうです。

一見「めんどうくさい」最たるものですが、それぞれのランクの者が更なる上のランクを目指す姿はほぼ落語界と同じです。「めんどうくささを否定した世界」にはない世界がそこに確実に存在します。

そんな辛《つら》い「修業」を経た花板さんには風格が漂い、繰り出してくる数々の味覚もさることながら、その語り口も何やら修業を積んだ落語家のような佇《たたず》まいすらあります。

実際一流の花板さんには、料理人としての腕前のみならず、その巧みな会話に惚れて通う常連すらあると聞きます。カウンターから、修業中の若い衆の立場でそんな花板さんを見つめると、ほんと「めんどうくさい人」のように感じます。

前座時代の自分からみた師匠談志は「めんどうくさい」存在そのものでした。いや、師匠ばかりではありません。尊敬する一門の先輩諸師匠をはじめ、面白い人はおしなべてみんな間違いなく「めんどうくさい人」でありました。

一流の料理人、落語の名人など面白いと思う人の共通項はもしかしたらみんな「めんどうくさい人」なのかもしれません。高級寿司店や寄席って、そんな「めんどうくさい」というプロセスを客も店も双方共大事に慈《いつく》しむ人たち同士の作り出す空間なのかもしれません。

断っておきますが、ここで「回転寿司店はダメで、高級寿司店はいい」という短絡的なことを言おうとしているわけではありません。実際私は回転寿司をこよなく愛していますし、「寿司という日本を代表する食べ物を一般に広めた」というその功績には素直に拍手を送りたいと願う者であります。

寿司の持つ大衆性にフォーカスした回転寿司の良さを満喫しつつ、そこから派生した興味と、味覚の対象を、高級寿司店の重厚感を味わう際に活かしましょうよということなのです。

回転寿司店から高級寿司店。前座さんの一生懸命の落語から、大御所の円熟味たっぷりの落語。寿司と落語。素晴らしい物は、幅の広さを許容するのです。

「めんどうくささ」は大切なメッセージ

文明が進歩すれば、強制的に「めんどうくさいもの」を検索検知し、それを解消しようと動き始めます。それが「文明の進歩」なのです。

この事は、主体を人間に置き換えてみると、「めんどうくさい人やモノ」が増えてきたというのでなく、かつては「めんどうくさくなかった人やモノ」までも、「めんどうくさい」と思うようになった真面目な人が増えてきたとも言えます。

つまり、「文明は真面目な人間を産出する装置」とも言い換えられます。

うつ病が「現代病」もしくは「文明病」と呼ばれていることとリンクします。ガラケーからスマホに変えたほんの数年前は、フリック入力にかなり難儀したものです。

少し触っただけで入力したい字が上下左右に浮かび上がってくるこのシステムには当初かなり戸惑いを覚え、ガラケーのテンキーに慣れ親しんでいた年配の方などは、機種を古いタイプに戻す人もかなりいたと聞きました。

が、フリック入力をすっかりマスターし、フェイスブックやらツイッターも楽々スマホから使いこなしている今、もうテンキー入力の一字一句を変換させて入力することは、「めんどうくさく」なっている自分に気が付きます。

「文明に毒されること」を師匠は唾棄《だき》していましたが、文明に毒され続けていかないともはや生きてはいけないのが現代人なのかもしれません。

が、ここでちょっと立ち止まってみましょう。文明に反逆するのです。無論「ちょっとだけ」。ほうっておくと真面目になることを要求し、しかも強制しようと敵（文明）はやってきます。

「不真面目」だとあらゆるシステムに破たんが出る可能性があるので、どちらかというと「不真面目」というよりは、「非真面目」を目指してみましょう。いや、「非真面目」というより「クソ真面目」「バカ正直」に近いかもですな。

つまり、そうやって「めんどうくささ」をじわじわと受け入れることができるような体質作りをしてみるのです。江戸時代に戻れとは言いません。メールより、電話。電話より、手紙。「時代逆行力」をここで培《つちか》ってみませんか。

具体例をここに挙げてみます。年賀状です。毎年千枚ものやり取りをさせていただいている私ですが、さすがに年末年始のかき入れ時の仕事の合間に処理する手前、宛名《あてな》も文面も、涙を呑んでここ数年は印刷にしましたが、裏面の印刷文の脇にはどんなに忙しくても手書きで一言「お元気ですか？」などと、必ず書き添えるようにしています。

無機質な年賀はがきに魂を込める儀式と言えば大げさかもしれませんが、それに近い取り組みです。あってもなくてもいいような落語という実に心もとないものを売りながら、カミさん、子ども二人を養い、家のローンをも払い続けている私にとっては、一言で、「前年の感謝と翌年の更なるご支援の願い」を刻み込む年賀状はその年の大切な顧客名簿であり、コミュニケーションツールであり、宣言なのであります。

裏表印刷が年々当然になり、その意味合いや存在がそれに比例して低下の一途をたどるのが昨今の年賀状の宿命かもしれませんが、だからこそ時代に逆行して、熱い思いを注入したいのです。

毎年腱鞘炎《けんしょうえん》になりそうなほど手首もこわばることになりますが、そんな時は遠く離れたお客様と妄想の触れ合いをする「エア握手」だと思って湿布を貼りながらしのいでいます。落語家として独演会の終了後、お客様を見送るあの雰囲気と心境は全く一緒なのです。同じテンションで挑むのです。

そういえば師匠談志は、無論礼状、年賀状は全て手書きでした。また、私が前座の時分、師匠を招いて勉強会を開いた時ですら、本来ならば会の終了後は前座として師匠のそばに付いて用をこなす身分に戻らなければならないというのに、「俺の方はいいから、（来てくれたお客の）見送りに行け！」と、前座にまで「お客様第一主義」を許すどころか、むしろ強制していました。

「年賀状千枚一言手書き」。やや苦痛を伴うのですが、その甲斐あっておかげさまで仕事が途切れることなく、なんとか生き永らえています。

こんな「プチ荒行」の霊験《れいげん》あらたかなおかげでしょうか。ま、そうはいっても、千枚はまるで「インドアお百度参り」のようで、苦しくなり、文明が生んだ万能語「めんどうくさい」をつい言いたくはなりますが、そこはグッと飲み込んで、意地でも「めんどうくさい」と言わないように気合いを入れています。

そう考えると「めんどうくささ」というのは大切なメッセージかもしれません。**「めんどうくさいから」といってそれを拒否し続けたら、会得し得る読解力も身に付かなくなってしまいます。**

折角の自身のランクアップのチャンスを放棄してしまうことになりかねません。もったいないですよね。

文明とともに生まれた「めんどうくさい」

「めんどうくさい」という言葉が、万能語になったいま、かつてはそれほどめんどうくさくなかったことまで、ここへ来ていまやおしなべて「めんどうくさく」なってしまったのです。

どうやら、文明の進歩と「めんどうくさい」という言葉の浸透度は比例するようです。人類がこの世に発生し、言語という「文明の利器」を手にしたのを起点とすると、「めんどうくさい」という概念と言葉はかなりその後半になって生まれたのではないかという「仮説」が立てられそうな気がします。

いや、「ニワトリが先か、タマゴが先か」ではありませんが、「めんどうくさい人やモノ」の発生が先か、「めんどうくさい」という概念と言葉の出現が先かを考えると、極論ですが、「文明」とともに現れたのではないでしょうか？

たとえば「蜘蛛駕籠《くもかご》」という落語があります。今となってはなくなってしまった交通手段である駕籠という乗り物にまつわる古典落語ですが、登場人物も多く、そのキャラも立っていて、かつ動きもあり、ギャグも豊富で頻繁にかけられる噺《はなし》です。この噺のマクラ（冒頭部分）で、「いまは飛行機やら新幹線やら車やら移動手段はたくさんあり便利ですが、昔は不便で、歩いて行きました」的な話題をつい用いがちになります（実際当たり前のように、そういうトーンで話す落語家もいます）。

が、よく考えてみたら、昔の人には「歩いて行くのは不便でめんどうくさい」という感覚はなかったはずなのです。だって、それが当たり前なのですから。便利な交通機関の存在の前提があるからこその「昔はめんどうくさかった」という、あくまでも現代の感覚なのです。

江戸時代の人が、「飛行機で行くか歩いて行くか」を選べる環境にいたとして、そこで初めて「歩いて行くのは（飛行機に比べれば）めんどうくさいなあ」という概念を抱くもののはずです。

ですから「今は飛行機やらで旅をしますが、昔は不便でした」と語り出す落語家の了見は談志曰《いわ》く「文明に毒されている」ということでもあります。

かつて談志は「人類の行為はすべて不快感の解消に端を発する」と言いました。そしてさらには、そんな不快感を人の力を借りて処理するのを「文明」、自分の力で処理するのを「文化」と見事にわかりやすく定義し、「できるだけ文明に頼らず処理すること」を良しとし、生涯「アンチ文明」の立場を貫こうとしていました。

弟子への教育はその最たるものでした。

練馬の一軒家の洗面所のパイプの水漏れなどもそうでした。二十四時間すぐに行くという「クラシアン」みたいな水道工事屋に頼めばすぐ済むことでも、弟子にやらせようとしていました。

当時前座だった私はなんとかガムテープで急場しのぎをしたことがあります。これればかりではありません。日常の炊事洗濯掃除をはじめ、些末《さまつ》なことも含めた物事を全て、カネをかけずに弟子にやらせていました。当時はなんでこんなことをさせられるのかとも思いましたが、いまは結婚して非常に役立っています。

ま、冗談はともかく、「カネという文明」の力を借りずに「工夫という文化」で対応しようとしていたのだと合点できます。落語家こそそんな文化の代表たれと。

ここで、談志の考え方に、「めんどうくさい」という言葉をあてはめてみましょう。すると「めんどうくさい」という概念や言葉は、あらゆる「不快感」の根源のようでもあり、それゆえにだからこそ「避けるべき概念」ではないとも感じてくるから不思議です。むしろ、堂々と向き合って、真正面からぶつかるべき対象にすら思えてきます。

これって、なんだか「めんどうくさい人やモノ」に対して、「てめえの力で処理してみろ。できるだけ文明の力を借りずに文化の力でな」と、黄泉《よみ》の国から師匠が囁《ささや》いているかのようでもあります。

つまり「めんどうくさい」と言ってそこから逃げているのは、談志流に言うならば「文明に毒されちまった証拠」、もっと言うと「人類の敗北宣言」なのかもしれません。

そう考えると、「めんどうくさい」と言って捨象してしまうもの（または今まで捨象してきてしまったもの）の中には、自分の成長のチャンスになるような大事な栄養素もふくまれている（ふくまれていた）のかもしれません。

「めんどうくさい」と「もったいない」ってなんだか同じような匂《にお》いがしてきませんか？

世の中から「めんどうくさい人やモノ」がなくなったら

「めんどうくさい人やモノ」をなくすのが文明の使命だとしたら、その進歩と共に、将来、それはなくなるのでしょうか。

江戸時代の人が今の世の中を見たらびっくりするのは目に見えています。いや、江戸よりもっと前の縄文時代の人が江戸の町人などを見たら、きっとその文明に（縄文時代の人たちのそれに相当する言葉で）感嘆の声を上げたことでしょう。

知の大巨人、評論家の小林秀雄は、かつてアポロの月面着陸成功のニュースが駆け巡った時、「人類が月に到達したとはいえ、『論語』以上の知恵が現代人にあるのか」と見事に言い切りました。

確かに江戸時代よりは便利にはなりました。地球の裏側の人とも瞬時につながり、コミュニケーションも取れます。ガンという怖い病も、早期に発見すれば、治療できるようにもなりました。

平均寿命は確かに延びています。が、江戸時代の人たちは、ガンになる前の若さでこの世を去る人たちが大半だったことを考えると、ガンは医学の進歩によって寿命を延ばしたことにより、直面せざるを得なくなった病気とも言い換えられます。なんだか痛烈な皮肉にも感じますなあ。

かつて「やせる石鹸」が流行しました。カミさんも欲しがって、「私、忙しいから、あなた、買ってきてよ」と言われ、そこらじゅうのスーパーを回ったのですが、どこも売り切れ。七、八軒回ってやっとゲットした時にしみじみ気づきました。「あ、買いに行かされた俺の方がよほど痩せたな」と。

つまり、文明は「従前のそれまでのめんどうくささ」を処理はするけど、その進歩につれて「新たなめんどうくささ」をもたらすものとも言えます。江戸時代の人々には水俣病《みなまたびょう》の苦しみも、原発事故の恐れも、なかったのですから。

どうやら人類は、それぞれの時代に応じて、それぞれの「めんどうくささ」と向き合うようにできているようです。だとしたら、それを次世代に持ち越すべきではなく、あくまでもその時代の中で解決すべきなのでしょう。

つまり、**どうあがいても「めんどうくささ」の呪縛からは逃げられない**のです。腹を括《くく》るべきなのです。では、この世の中から「めんどうくさい人やモノ」がなくなったらどうなるでしょうか?

ここで思いだすのが、ドラえもんの「どくさいスイッチ」です。ある日のび太は野球のミスのことでジャイアンに激しく怒られます。ドラえもんに泣きつくのび太でしたが、ドラえもんは「野球が下手だからさ」とすげなく言い、すべてを他人のせいにしようとするのび太に「練習しようよ」と誘います。しかしのび太は「いや、ジャイアンさえいなければいいんだ」という考えに固《こ》執《しゅう》します。業《ごう》を煮やしたドラえもんは「ふーん、そんな風に考えるんだ」と呆《あき》れ、のび太に「どくさいスイッチ」なる物を手渡します。

「これは未来のどくさい者が作らせたスイッチだよ。どくさい者というのはね、自分一人の考えで世の中を動かそうとする人のことだよ」と説明し、さらに「邪魔者は消せ。住み心地の良い世界にしようよ」と「どくさいスイッチ」を使うのをそそのかしますが、さすがにのび太も今回ばかりは簡単に道具を使おうとはしません。が、家を出た途端、またジャイアンに絡まれ、野球のことで殴られます。そしてついに「どくさいスイッチ」を押してしまいます。するとジャイアンはスーッとたちどころに消えてしまいます。

呆然《ぼうぜん》とするのび太。その近くをしずかちゃんが通りかかり、「のび太君、どうしたの」と、尋ねます。「ジャイアンがいなくなっちゃった」。これに対するしずかちゃんの答えがなんと「ジャイアンって誰？」。そう、そのスイッチはジャイアンの存在全てを消し去ってしまったのです。

ジャイアンのいなくなった世界では、スネ夫がそれにとって代わり、のび太をいじめるようになります。のび太はまたそこで、「スネ夫消えろ」とスイッチを押してしまいます。

これがエスカレートして、「みんなでよってたかって、ぼくのことをバカにして！　みんな消えちゃえ！」と勢い余ってまたまたスイッチを押してしまいます。ハッ‼っとなって気づいても時すでに遅し、とうとうのび太は一人ぼっちになってしまいます。

一時は、強がって、おもちゃ屋やら、駄菓子屋やらで好き勝手に振る舞って、「みんなぼくのものだ！」とこの世の春を謳歌《おうか》します。「もう誰もぼくをいじめたりバカにしたりしないんだ。うるさくいうママや先生もいないんだ」と。そして叫びます。「独裁者ばんざい！」。

ところが日暮れになり、だんだん暗くなり始めてのび太は後悔し始めます。電気は点《つ》かない、電話はつながらないなどと非常に心細くなってきます。そして、こうつぶやくのです。「ひとりでなんか……生きていけないよ」。

ここでドラえもんが突然登場します。「気に入らないからって次々に消してゆけば、きりのないことになるんだよ? わかった?」。ドラえもんはこのスイッチが、「独裁者のために作ったもの」ではなく「独裁者を懲《こ》らしめるために作ったもの」だと種明かしします。反省するのび太を元気づけるかのようにしてドラえもんはすべて現実の世界に戻します。

翌日野球の下手さを相変わらずジャイアンとスネ夫にからかわれながらも、のび太は一生懸命ドラえもんと野球の練習に励み、「周りがうるさいってことは、楽しいね」とつぶやいてこれがオチになります。

子ども向けのアニメの世界で、こんなに孤独は怖いという深い世界観を訴えてしまっているのですから、藤子・F・不二雄先生の志の高さにひれ伏すのみですな。

さて、ここで改めて考えてみましょう。私も含めてみんな誰でも「どくさいスイッチ」ならぬ「めんどくさいスイッチ」を心の中に持っているのではないでしょうか。「めんどうくさい」という文明がこしらえた万能語をつぶやいた瞬間、そのシステムが稼働してしまうのです。目の前から「めんどうくさい人やモノ」が消えてしまうのです(極論ですが)。

一見便利にも思えますが、システム稼働後はこの世の中に残るものはと言えば、これまた極端ではありますが「毒にも薬にもならない、どうでもいい人やモノ」なのです。

そうなんです、この世界中から「めんどうくさい人やモノ」を差っ引けば、残るのは「あってもなくてもいい人やモノ」なのです。果たして、この退屈感に耐えられる人はいるのでしょうか。

先日電車の中で、合コン帰りのＯＬさんと思《おぼ》しき二人がこんな会話をしていました。「さっき会った○○さんって、いいひとっぽいわね？」「でも、いいひとって、結局どうでもいいひとなのよねぇ」。

男は「オオカミ」なのです（男の私が言うのですから間違いありません）。初対面の女性には、とにかく警戒されないように「ヒツジ」を装って、必死に取り繕《つくろ》って「いいひと」を演じます。毒気をさんざん抜いて、人畜無害化ビームを自らに照射し、最新の話題を仕込み、細心の注意でエラーやミスのないように合コンに挑むという実にいじましい生き物なのです。

「いいひと」を演じることが目的だとしたら、目的達成のはずなのに、その戦の後の陰口では、「どうでもいいひと」という烙印《らくいん》を押されてしまうとは。「男はつらいよ」なのであります。「ヒツジ」を装ったつもりがイメージ的にはヒツギに入れられたようなオトナシイ人という存在になってしまうなんてシャレにも何にもなりませんなあ。

私も五十歳を超え、なんどもそんな戦いで無駄死にしてきたものであります。完全なる愚痴ですが(笑)。でも、よーく考えてみたら「どくさい」と「めんどくさい」って似ていますなあ。

「めんどうくさい人やモノ」とは対話する

師匠談志は、天才でした。天才とはワープします。言動も思考も、すべて常人が追い付かないほどの速さで展開させてしまいます。受信者側のキャパも理解の速度も、「わからない奴はバカだ」とばかりに見事に置いてけぼりにします。

その一つに「定義づけ」があります。全てを一言で定義、断定するのが好きな師匠でした。「落語は人間の業《ごう》の肯定である」「新聞で正しいのは日付だけだ」という代表的なものから、「結婚は長期売春契約である」「愛情とは相互のエゴイズムのバランス」とも喝破《かっぱ》しました。

そして天才それ自体の定義を「質と量が伴うもの」と断言し、「俺の中で天才というのは、レオナルド・ダ・ヴィンチと、手塚治虫先生だけだ」と言い切りました。

天才が天才と認めていたのはこの世に二人しかいないというのも凄《すご》い話ですが、その頭の中には、常にまだ定義のレベルには昇華していない考えの素というかモヤモヤというか、ウナギの稚魚《ちぎよ》である「レプトセファルス」のような「思考の精子」

みたいな「定義づけ以前の思考の原型」を飼っているような状態でした。

そしてそれを価値観を共有できると見込んだ人の前で、会話の中で何度も俎上《そじょう》に載せ、披露し、相手の反応で形作ってゆくように作り上げていました。

私は前座時代に何度もそんな光景に出くわしました。その相手は小室直樹《こむろなおき》先生であり、西部邁《にしべすすむ》先生であり、吉村作治先生であり、野末陳平先生であり、西丸震哉《にしまるしんや》先生であり、そして毒蝮三太夫《どくまむしさんだゆう》さんなどでありました。

西丸先生との対談の中で、「湖と沼の違い」について話し合っていた時の「気持ちのいいのが湖で、気持ちの悪いのが沼」という定義を師匠は大絶賛していましたっけ。

さらに蝮さんと言えば、師匠が何人かで「哲学論」を繰り広げていた時のことです。「こういう場面なら、ニーチェはきっとこう言うだろう。釈迦はこう言うだろうなあ。なあ、おい、蝮。キリストならなんて言うだろうなあ」。蝮さんはすかさず「決まってるだろ、キリストだけにイエスかノーかだよ」。

師匠をはじめ一同大爆笑でした。師匠は後ろで立っていた付き人である私たち前座に向かって、「お前らよく覚えておけ。俺に対してなんでも返す。これが蝮の凄さだ」と。

さて、そんな天才の繰り出した試行錯誤ならぬ思考錯誤の結果、生まれたのが「不快感の解消こそが人間の行動原理である。そんな不快感の解消を自分の力でやることを『文明』、他人の作ったもの、出来合いのもので処理することを『文化』と呼ぶ」という歴史的ともいうべき定義でした。

自分が入門した平成三年前後は、今振り返ると、バブルの真っ最中でした。株やら財テクやら不動産投資やら世の中全体に「儲けた者勝ち」みたいな風潮が確かに漂っていました。そんな世間に反旗を翻《ひるがえ》すかのような意地もあり、入門当時の講演やら、落語会のマクラでは毎度孤軍奮闘するかのように「人間たる者文化の立場たれ」と常に力説していました。

ところで「めんどうくさいもの」とは、「不快感」そのものです。最前の「どくさいスイッチ」の話の中でドラえもんがいみじくも言った、嫌いな人を排除し続けても「きりがない」という名言を踏まえ、談志流に言い換えるならば、「めんどうくさい人やモノを、できるだけ自分の力で処理することこそ進歩。拒絶したらそこから退歩が始まる」ということでしょうか。弟子として、改めてこれは天国からの師匠の更なる小言のように響いてくる感じがします。

こうして考えてみると、「めんどうくさい人やモノ」は人間にとって拒絶や排除の対象ではなく、むしろ慈しみ、味わうような距離を取るべき存在にも思えてきます。

「疝気《せんき》の虫」という落語があります。あらすじは、こうです。

「医者がへんな虫を見つけ、つぶそうとすると、これが口をきく。聞けば自分は『疝気の虫』とのことで、人の腹の中で暴れて、人を苦しめるのが仕事とのこと。医者はさらにその虫と会話を重ね、蕎麦《そば》が大好物で、蕎麦を食べると喜んで暴れて人を苦しめるが、蕎麦に入れる唐辛子が実は大の苦手で、それを浴びると溶けて死んでしまうと聞き出す。そこで唐辛子が下りてきたら『別荘』（男性の急所、いわゆる陰嚢《いんのう》）へ逃げ込むのだと。『面白いことをいうなあ』と思っていたら目を覚ます。医者は夢を見ていたのだった。そんな折、ちょうど疝気に苦しむ病人のもとに往診に行くことになる。

医者は先ほどの夢の話を思い出し、病人の妻に協力を仰ぎ、その妻に蕎麦をたっぷり食べさせ病人に匂いを嗅《か》がせた。すると疝気の虫は蕎麦の匂いに釣られて、病人の体内から妻の体内へと移動し、大暴れをする。そのため今度は病人の妻が疝気で苦しむことになる。医者はそこで、妻に辛子入りの水を飲ませた。上から唐辛子水が降ってきたものだから、疝気の虫はたまらない。すかさず一目散の腹を下り、

『別荘に逃げ込もう。別荘は？　あれ、別荘がないぞ』」。

　ややバレ（下ネタ）に近い「考え落ち」という分類にはなりますが、落語家は、疝気の虫になり切ったまま言葉ではなく、動作でオチを表現するという意味においてはかなり特殊な噺だと確信します。

　師匠談志の十八番でもありましたが、師匠はその解釈をさらに飛躍させ、「これは病気との対話の可能性を示唆しているのでは」と予言のような看破《かんぱ》をしました。「ガンだってな、きっと言いたいことはあるはずだ。寄生している人間自体がダメになっちまえば、ガンはそこで生きられなくなっちまうんだから。対話することで向こうの言い分もわかってくるはずだ。ガンに限らずいろんな病気には向こうにも言い分はあるはずだ」

　と、この落語から医学の将来性にまで波及させようとしている姿勢というか、落語の可能性への気概すら感じました。

「対話」というのは相手の存在をまず受け入れるところから始まります。病気なぞは「めんどうくさいもの」の最たるものであります。対決しなければ克服できない存在でもありますが、一旦は「対話」するかのような従来とは異なった接し方をしてみたら、また違った展開になる可能性もあるのではという提案にも思えます。

「押してもダメなら引いてみな」の言葉もあります。そんなに物事は単純ではないことは百も承知ですが、**何事にも「対話」の姿勢で挑むというのは、取り組み方の幅にもつながる**のではないでしょうか。落語はこの「疝気の虫」のように、「めんどうくさい人やモノ」と向き合うところから、基本始まります。

いや、落語に限らず優れたドラマや映画はすべて主人公が「めんどうくさいモノや人」と対峙するところから転がり始めます。そしてその際の解決法として、できるだけ自力を心がければ、文化的な進歩につながるのではないかと思います。

世に出ているのは、「めんどうくさい人やモノ」との勝者

文明の進歩によって（その力を借りて）、旧来の「めんどうくささ」をクリアーすると、更なる「めんどうくささ」がやってくるなんて、なんだかいたちごっこみたいですね。ひっきりなしに向かってくる「めんどうくさい人やモノ」とのべつ対峙する宿命にあるのが現代人なのかもしれません。

そんな日々のめんどうくさい相手を、倒すごとに、よりめんどうくさい人やモノが目の前に現れます。エンドレスな蟻《あり》地獄みたいですね。

さて、ふとここで思うのですが、世に顔と名前の知れ渡った一流の人たちって、そんな戦《いくさ》の勝者だとも言えます。いや、人のみならず、売れに売れたベストセラー、特にロングセラーと言われて長い期間に渡って人口に膾炙《かいしゃ》し、世間に流布している身の回りのモノも、消費者からのさまざまなわがままや要求（めんどうくささ）という「無茶ぶり」を乗り越えたサバイバーとも言えます。

ずらっと見渡しましてもいろんなロングセラーがありますな。オロナインH軟

膏、エビオス錠、亀の子たわし、ニベアクリーム、明治ブルガリアヨーグルト、サッポロ一番などなど。きっとこんな商品たちの裏側に、山のようなクレームもアドバイスも、厳しい要望なぞもあったはずなんだよなあと思うと、なんだかそのイメージキャラやロゴまでもたまらなく愛《いと》おしくなってきます。

そんな数多いロングセラー商品の中でも、江戸時代から続く、いまだ朽ちることなく一際《ひときわ》異彩を放っているものがあります。そうです、それは「落語」です。考えてみたら「落語」は、スーパーロングセラーですよね。三百年以上に渡って日本人を笑わせ続けてきているのですから。なぜかくも長期間、スターダムに君臨し続けることができているのでしょうか?

師匠談志は、「落語は人間の業の肯定だ」と定義しました。長い落語の歴史において、演芸評論家ではなくプレイヤーである落語家が落語への歴史的定義を施《ほどこ》したのは師匠が初めてでした。師匠が「物言う落語家」の第一号となったのです。パンドラの箱を開けてくれたからこそ、いま私もいろんな能書きをこうして述べていられるのであります。そしてその時師匠はまだ二十九歳だったことを思うと、弟子として彼我《ひが》の差を痛感するのみでありますが。

余談ですが、さらにそのおよそ二十年後、弟子の真打昇進問題をきっかけにして、「落語立川流」なる一門を開設し、自らがその家元を名乗りました。

師匠から弟子へと口承口伝《こうしょうくでん》で積み上げるようにして糸のような絆《きずな》を頼りに、つなげられてきた落語の命脈を鑑《かんが》みると、それは言語道断に近い暴挙として受け止められたはずです。

「落語協会」や「落語芸術協会」などのような、いわば師弟という最小ユニットを基軸にした「自然発生的に展開発展した落語家養成機関」を無視して、一個人の名前を冠《かんむり》にした流派を創設したというのは明らかに伝統を重んじるべき業界にケンカを売ったともいえるのですから、当初は、かなりの軋轢《あつれき》だったはずと察します。

が、俯瞰《ふかん》でこの一件を見つめてみると、その後の立川流の隆盛を思うに、そんな師匠のような反発分子の存在すら受け止めた「落語」そのもののおおらかさにも手を合わせたくなるほどの感謝を覚えます。

確かに「落語」それ自体も、大まかなストーリーは決まっていますが、細かいギャグを入れるのも自由ですし、設定を変えるのも自由ですし、パロディとして演じるのも、手前味噌ですが私のように歌手の方とのコラボをやるのも自由なのです。

同じく古典たるクラシック音楽とは違います。一見古典重視の昔ながらの落語を中心にやる人でも、気づかれないようにではありますが、かなり時代に即した形で落語をやっているのが現状です。ここが落語が古典芸能ではなく、大衆芸能とよばれる所以《ゆえん》であります。

これは想像ですが、おそらく落語がこの世に出現した時から、お客さんの反応や、演者の思いなどを、随時反省とともにリアルタイムで反映させてきたものと思われます。言い換えればお客さんの反応を大切にせざるを得ない不安な芸能だったのでしょう。「いいよ、わからない人は置いといても。俺は昔ながらのまんまやってゆく」というのを良しとする人たちは能や狂言の方に進んだのでしょう。

「ちょっとこの場面での大家さんのセリフ、あっさりしすぎていたな」「もう少し、与太郎を落ち着かせて演じてみよう」などなど、明治時代の寄席の楽屋ではそんな会話がなされていたに違いありません。

きっと2ちゃんねるや各種SNSのない江戸時代にも「めんどうくさい客」はいたはずです。今と違ってより「リアル」だからかなりめんどうくさかったと察します。ゆえにかなり昔の落語家もディスられたはずです。つまり、そういった「めんどうくささ」を受容し、落語を変容させ続けてきたからこそ、ロングセラーたる「落語のいま」があると思うと、文化育成のためにも「めんどうくささ」は必要なのだと思います。モノですら「めんどうくささ」を必要とするのなら、いわんや人をやです。最前述べたようにその世界の天才たちは、ふりかかる「めんどうくさい人やモノ」に打ち勝ってきた王者ともいえます。「めんどうくさいトーナメント」の優勝者であります。談志は生涯そんなめんどうくさい人やモノと格闘し、ときにはのた打ち回りながらも、王座を奪われることなく勝ち続けたディフェンディングチャンピオンでした。

「天才は迫害を受け続ける」。高校中退後十六歳で落語界に身を投じ、以来天才の名をほしいままに振る舞い、七十五歳でカットアウトするかのようにこの世を去っていった我が師匠でしたが、そのおよそ六十年間もの落語家人生は波瀾万丈そのものでした。

寄席のしきたりやら、不文律には、持ち前の感受性から平気で異を唱えました。「一度聴いた落語は即頭に入ってしまう」という天性の素質の裏付けがあったからでしょうか、その目線は当時の稽古の基本である「三遍稽古」にも向けられました。「三遍稽古」というのは「教えてもらう師匠宅で同じ噺を一日一席三日間語ってもらい、四日目には自分が語る」という今となっては伝説のような稽古スタイルです。

が、師匠はこともあろうに、若手の分際なのに、「一回だけでいいですよ」と平然と言い放ったそうです。受けない先輩には容赦なく「つまらないですね」と目の前で言ったとも先輩から伝え聞きます。

そんな「めんどうくさい人」でしたから、めんどうくさい迫害やらいじめを受けたそうです。ほとんどが敵といってもいいような空間の中で唯一師匠をいじめなかったのが先代林家三平師匠だったそうです。本人曰く、このような奇抜な立ち居振る舞いが災いしたのでしょうか、真打昇進では故古今亭志ん朝師匠に抜かされたり、さまざまな軋轢＝「めんどうくささ」を一手に引き受けることになります。

その後の国会議員当選も本人にしてみればきっと「めんどうくささ」の解消のような距離感だったはずです。そして、「究極のめんどうくささ」こそが、師匠である故柳家小さん師匠からの破門による、落語協会脱退だったのではと確信します。

ざっと師匠の芸歴を振り返りましたが、なんだか、しみじみ師匠の墓前に手を合わせるかのように考えてみると、わざといろんな人やモノにラッセル車のようにぶつかってゆくことで、「めんどうくささ」というか「めんどうくさい人やモノ」を発生させ、その際生じた反動エネルギーであえて自らを鼓舞《こぶ》し、さらに前進してきたのではと思えてしまいます。

迫害を自ら呼び込んでしまうのですから、「持ったが病《やまい》」の天才の宿命とも言えますし、究極のマゾとも言えます。これって他宗を批判し、さまざまな法難に遭《あ》いながらも自らの信念を貫き、立教開宗を果たした日蓮と被るような気がします。

師匠談志が日蓮でしたら、それとは対極の落語へのアプローチを施し、超絶面白い柳家小三治師匠のあの佇まいは「禅味」のような風情がありますので、さしずめ禅宗でしょうか。日蓮宗のお上人様方に、熱烈な談志ファンが多いのも頷《うなず》けます。そういえば浄土宗、浄土真宗、曹洞宗、臨済宗といろいろある中で日蓮宗だけが開祖個人の名前が付けられていますなあ。まるで立川流のようです。

こうして考えてみたら、師匠が命がけで「めんどうくささ」を乗り越えて作り上げてくれた道を、私をはじめ弟子たちは堂々と歩いていけるのです。

どの業界にもそんな先達がいたことを顧みると、**この世の中は、一部の天才たちが「めんどうくささ」と格闘したおかげで成り立っている**と断言できます。

逆な見方をすれば、「めんどうくさい人やモノ」が、「艱難《かんなん》汝を玉《たま》にす」の言葉通り、天才や先達を更なる高みに押し上げたことを考えると、「めんどうくささ」とは内燃機関の原理にも思えてきます。

あなたは「めんどうくさい人」ではないか?

「めんどうくさい」は万能語と断定しました。ここに、一例を挙げてみましょう。

AさんとBさんの二人が居酒屋で飲んでいます。二人は会社の友達です。Aさんの方がややBさんよりも年上という設定です。そしてこの場所にはいない二人と同じ会社の同僚であるCさんの話になります。AさんはCさんのことが大嫌いですが、BさんはCさんをそれほど悪くは思っていないとします。

人間の心理として、「嫌いな人の共有化」こそが、一番人と人との距離を縮めます。「好きな人の共有化」は、ともすれば人間の根底にある独占欲が働きますので、「俺の方が好きだ!」「いや、俺の方が!」となり、かえってハウリングを起こす可能性があります。これは私の経験上、間違いなく言えることです。

私が談志マニアのアマチュアだった頃、同じく談志マニアの方との語らいは最初は楽しかったのですが、最後は「カルトクイズの出し合い」になってしまいました。うちのかように「好きな人の共有化」には微妙なオチが待つ可能性があります。

一門が比較的円満なのは、師匠がいなくなった今だからこそ言えるのですが、みんなで陰でこっそり師匠の悪口を上手に言い、それが明らかにガス抜きやら潤滑油になっていたことが考えられます（勿論《もちろん》笑い合えるレベルだからこそですが）。「被害者同盟的」な絆とでもいうのでしょうか。

無論、そんなことは師匠もお見通しだったようで、私が前座の時分、酔っぱらって機嫌のいい時なんざ、「お前なんか、俺の悪口言ってれば、二時間はもつだろ」とまで言い切っていました。さすが天才です。私は心の中でひそかに「いや、一晩中でも足りないです」と突っ込んではいましたが（笑）。とにもかくにも「嫌いな人の共有化」は人間関係をより緊密にします。

さて、Aさんは、Bさんとのつながりをより強固なものにしたいという思いを込めて、「Cさんがいかに嫌な奴か」というエピソードを羅列し始めます。立場を鮮明にしようとしないBさんにやや業を煮やしたAさんは、「今日は俺のおごりだから」という殺し文句を出してきてさらに身内に引き込もうと、酔いもあってよりCさんのことを辛辣《しんらつ》に言い出します。

さて、ここで問題です。この時、あなたがBさんの立場でしたら、Aさんになんと答えるべきなのでしょうか。もうこうなったら、酒も入っていますので、上手にその場をやり過ごすしかありません。

Aさんと同じようにCさんの悪口を言ったとしたら、言質《げんち》を取られた格好になり、AさんがCさんに「Bもお前のことを悪く言っていた」となれば今度はCさんとあなたとの関係も壊れてしまいます。

かといって、ここでAさんを諭《さと》すのも、お酒も入っていますので、「なんだお前、俺の大嫌いなCの肩を持つのか」ともなり、あまり得策ではありません。こういう時こそ、「Cさんですよねえ、私も人のこと言えないけれど、ちょっとめんどうくさい人ですよねえ」と言うべきなのです。

「めんどうくさい」が万能語であると同じように、「ちょっとめんどうくさい人」は、誰にも当てはまることなのです。「私も人のこと言えないけれど」という打ち消し用語もこの際必須です。「壁に耳あり。障子に目あり」です。どこで誰が聞いているか見ているか、わかりません。また超うがった見方をすれば、その前日実はAさんとCさんが和解していて、あなたの真意を問いただそうとハメようとしていることだって、可能性は少ないとはいえ、あり得ます。

困った時には「ちょっとめんどうくさい人」と表現するのは、使えます。私は何度もそんな場面を繰り返してきました。

何が言いたいのかと言うと、皆さんは、この、A、B、Cのうち、どれかに実は当てはまっているということなのです。ここでの会話ですと、Cさんのみが「めんどうくさい人」と評されていますが、Aさんも、Bさんも所変わればめんどうくさい人と必ず言われているはずです。つまり、この本をお読みのあなたも、必ずどこかで「めんどうくさい人」と言われているのです！　これは間違いなく断言できます。それが人間の社会の営みなのです。

「そんなことはない！　俺はいつもみんなのことを真っ先に考えるぐらいだから、めんどうくさくはない人間だ」と訴えてるあなた。あなたはきっと「あの人は、『自分だけはめんどうくさくはない人間だ』と思っている『めんどうくさい人間だ』と言われているはずです。これは脅《おど》しではないからどうかご心配なく。

さあ、世の中の誰もが「めんどうくさい人」と言われているのだとしたら、いかにそれを上手に緩和《かんわ》させるかにかかっています。こうなると第二段階です。「めんどうくささを受け入れる」というパラドックス的な処世術が浮かび上がってきます。**「めんどうくささを受け入れることが、一番自分をめんどうくさい人間から遠ざける」**なんて、なんだか禅問答のようですな。でも世の中、こんな逆説だらけです。

だいぶ前に、家族と行ったとある旅行先での一コマですが、工場地帯を家族四人を乗せてタクシーを走らせていました。そのエリアが、とにかく煙が夥《おびただ》しかったのです。私は思わず窓を閉めて運転手さんに聞きました。

「この工場、いつもこんなんですか？」

「はい、おかげさまで作っている商品が売れていて、二十四時間体制なんですよ」

「だから煙が物凄いんですね。ところでこの工場、何を作っているんですか？」

運転手さんは満面の笑みを浮かべてこう答えました。

「空気清浄器です」

これにはひっくり返りそうになりました。考えてみたら、痩せている人ほどもっと痩せようとするものです。頭のいい人ほどたくさん本を読むものです。丈夫な人ほどより健康に気を付けているものです。綺麗な人ほどより綺麗になろうとします。

師匠談志は「環境保護、環境保護というが、究極の環境保護は人類滅亡しかない」と言い切りました。なるほどです。人間はつくづく逆説的な生き物なのです。

「めんどうくさい人間にならないために、めんどうくささを受け入れる」。まるで哲学みたいですな。

人は「めんどうくさい」からしか磨かれない

「めんどうくさい人」は自分の可能性を広げてくれる人かもしれません。今まで「めんどうくさい」と処理して、捨て去ってきたものの中に、自分を成長させてくれる大事な栄養素が含まれていたみたいな感じですよね。

無論「めんどうくさい」というものの中には、激烈パワハラ上司のように、早急に除去すべきものも含まれている場合もありますが、そんな病的なケースはひとまず別として、とりあえず立ち止まって前向きに考えることで、また見方が変わる場合もあり、今回はそれにフォーカスしてみることにします（受け入れるべき「めんどうくささ」かどうか、判別法は後ほど述べます）。

第一もったいないですな。「今まで廃棄してきたモノの中にもったいないぐらいの財産が含まれていた」なんて、これって、なんだか豆腐を作る際に発生する絞りかすである「おから」みたいですな。

「おから」といえば、古典落語の演目「小言幸兵衛《こごとこうべえ》」を思い出します。「小言こそ人生」のような家主、人呼んで小言幸兵衛。今朝も小言を言い続けて戻ってくると、表通りの空き店を借りたいと、豆腐屋が入ってきた。

物の言いようも含めて、豆腐にまで難癖をつけ始めた。「大体、豆腐ほど理屈に合わないものがあるか。一升の豆からなんと二升のおからができるなんてどういうわけだ?」と。談志は「小言やら愚痴やらは実はとても大切なものだ」と、揶揄《やゆ》されるべき対象の陰に押しやられがちなそれらの言葉にすら深い愛情を注いでいましたっけ。晩年の姿はまさに「リアル小言幸兵衛」のようでもありました。

ま、そんな具合に師匠は落語の登場人物の言動に忠実に生きるがあまり、誤解されたのではとも思います。

さて、そんな数ある談志イズムの中で「落語にリアリティを持たせろ」も金言でありました。

とある落語会の打ち上げで、この「小言幸兵衛」の中の「おからは一升の豆から二升もできる」という「落語の中の都市伝説」を、実際のお豆腐屋さんに聞いて確かめたところ、答えは「イエス!」とのことでした。

で、近年、手順がかかるあの「おからの炒め煮」も避けられがちで、ほとんど廃棄しているという現状も伺いました。「実際おからの方が豆腐より栄養価も高いのに」とのことでした。

いやはや「もったいない」という言葉しか浮かんできませんなあ。無論現実社会は、「めんどうくさい人やモノ」という遠ざけたいことの中から「有益なものだけ」を抽出できるほど単純ではありません。世界と豆腐には大きな隔《へだ》たりがあります。

でも、やはり即座に拒否するのではなく、ここで「前向き思考」を豆乳、いや、投入してみましょう。以前著した『大事なことはすべて立川談志《ししょう》に教わった』（KKベストセラーズ）にも述べましたが、こんな時こそ「復讐《ふくしゅう》」あるのみです。「めんどうくさい人やモノ」に復讐してしまうのです。復讐って、ぞっとする響きのある言葉ですが、「その対象より幸せになること」と言い換えると、なんだか恐ろしく前向きになれる言葉でもあります。

師匠には二つ目昇進を認められるどころか、自分の行動の不手際から、よりイラつかせてしまうことになって、立ち直れなくなるほどの罵詈雑言《ばりぞうごん》を浴び続けていたそんな前座時代のことです。今をときめく談春兄《だんしゅんあに》さんからこんな言葉をかけられました。

「こりゃ、師匠はお前を辞めさせたがっているな」

「兄さん、俺はどうしたらいいんですか?」

「バカ野郎、嫌がらせでいてやればいいんだよ。お前は真面目すぎるんだ。俺はそうして乗り切ってきた」

これはカンフル剤でした。傷口に塩を塗られたような痛さを一瞬感じましたが、そのあとものすごく清々した心持ちになれる一言でした。そうです、ここなんです。「めんどうくさいなあ」と言い続けて、廃絶しようとしている間は、「めんどうくさい人やモノ」に攻められている状態なのです。

攻められているということは劣勢に回り、主導権は向こう側にあるという意味なのです。もっというならば「めんどうくさい」と言ってしまった時点で、全権は相手側に掌握《しょうあく》されてしまうのです。談春兄さんにそそのかされて、「嫌がらせでいてやろう」と決めた瞬間に、なんだか活路が見えた気がしたのです。

「窮鼠猫《きゅうそねこ》を嚙む」とでも言いましょうか、「追い詰められた者の逆襲」は客観的に自分を見つめ直すと楽しくすら思え始めました。野球をはじめ各種スポーツは逆転ゲームにこそ面白味があるのと一緒です。

「人生はリベンジにあり」

前座の後半時分ではありましたが、そんな感じで芽生えたゆとりから、冷静に自分の来し方を見つめ直すと、その行く末として「自分の中で一番足りないモノ」が判明してきました。

うがった見方かもしれませんが、そんな本気になる姿を師匠は待っていたのかもしれません。師匠亡き今、「人はめんどうくさい人やモノからしか磨かれない」と、改めて確信します。

そんな実体験、具体例は、第二章で申し上げたいと思います。泥の中に蓮《はす》の花が咲くように、棄てられるべきめんどうくさい「おから」のようなものの中から、いつかは「花」を咲かせて見せましょうよ。あ、おからはすでに別名「卯《う》の花」でもありましたな。

第二章

師匠談志に鍛えられた「前座時代」をお話しします

厳しかったワコール勤務時代～我が人生の「古事記」より

最近、ようやく小林秀雄を読むようになりました。

高校時代、『考えるヒント』という小林先生の代表作のあまりの難しさに挫折して以来、遠ざかっていたのですが、この度《たび》ひょんなことから学生との対話集を読み、「ああ、話し言葉で構成されている本って案外わかりやすいんだな」と自らの青春の挫折をあざ笑うかのように読み進めています。

余談ですが、小林先生は、大の落語好きとのこと。中でも志ん生師匠の「火焔太鼓《かえんだいこ》」がお気に入りでレコードがすり減るほどに聞き込んでいたそうです。道理で話の間の取り方が上手いはずですな。

さて、そんな小林先生ですが、『古事記』に限らず、「歴史」全般に自然科学的な思考法である「事実かどうか」というアプローチをとことん否定していました。「神武天皇は実在したか」などに対する考察はことごとく唾棄《だき》していました。理詰めの批評家のはずなのに意外に思われますが、これは作家の井沢元彦氏も訴えていましたが、『古事記』の整合性云々より、当時の人々が何をどう考えていたかを想像することこそが大事なのだということなのでしょう。

つまり、小林先生曰《いわ》く「歴史」とは、感じることなのだと。神武天皇が本当にいたとかはどうでもよく、少なくとも「その当時の人々はそう信じていたこと」こそに重きをおくべきだと。

話が飛躍するようですが、何事も当該期間だけを取り上げて、分析の対象とするのではなく、その期間以前の段階を想定し、「いかにしてその当該期間が生まれてきたか」に思いをめぐらせる姿勢こそ、「歴史を感じる」ということなのでしょう。これは決してノスタルジーに流されることを意味しません。

こんな按配《あんばい》で、言い訳がましくもなり、セルフ分析ではありますが、落語家になる前の『古事記』に相当するワコール時代のことをここで振り返ってみます。

そして「どのような思いで、落語家を志したのか」「修業体験以前の頃はどのようにしてめんどうくさい人やモノと接してきたか」をたどってみたいと思います。

そうすることで、自分もあの頃の新鮮な気持ちに立ち返り、サラリーマンなどカタギの皆様方がいま現に直面しているリアルな「めんどうくさい」と思う実例に、よりシビアに向き合えることができるものと確信します。何事も「一歩後退」って、大事なのかもしれませんなあ。

私が生まれたのは昭和四十年。神武以来《じんむこのかた》の好景気真っ盛りに生を受けた私たちの世代って、「右肩上がり」が約束された、今となっては稀有《けう》な時代でもありました。その一昔前を描いたのが映画「ALWAYS三丁目の夕日」。「あの頃はよかったなあ」と素直に想像できる、よくできたいい映画だとは思いましたが、「あの頃のんきに夕日ばかり見つめていたから、後世原発などの負の遺産を抱えてしまったんだ」とも思えましたっけ。

さて、そんな恵まれた環境で育ってきたところへ持ってきて、就職の時期に迎えたのがあの「バブル経済」の入り口の頃。生来の「なんとかなるさ」のいい加減さに拍車がかかります。

自分自身はマスコミ入社志望ではありましたが、それほど深い思い入れもなかったせいか、いやそれよりもマスコミ対策の勉強もほとんどせずに過ごしたせいか、マスコミ全社不合格という憂き目に遭いました。

そして右往左往の結果、たまたま入ったのが女性下着のリーディングカンパニー、株式会社ワコールでした。本当に世の中を舐《な》めていました。こんな奴でも正社員として入社できてしまったのですから。

が、私だけがそんな形で会社を選んでいたのかと思っていましたが、結構同じように「そんなに熟考しないで入社した」と述懐する同い年の仲間が大勢いることを思うと、この世代は「世間に甘え続けた世代」であるとも言えます。

「世間に甘え続けた世代」ということは、「誰か自分の代わりにやってくれるだろう」とどこかで思ってしまう世代とも言い換えられます。つまり「めんどうくさいことは他人任せにする」ということも意味します。

大学も現役で入り、大学時代所属していた落語研究会でもにぎやかに活動していたこともあり、「スチャラカ社員」を気取って可愛い女性社員に囲まれて楽しく過ごそうとの淡《あわ》い目論見《もくろみ》は、新人社員研修でもろくも吹き飛ばされることになります。

ＯＪＴ（オン・ザ・ジョブトレーニング）という名の下に、先輩セールスマンをトレーナーとして仰ぎその補助について仕事を覚えてゆくシステムでしたが、私のトレーナーとなったのが、バリバリの体育会系の超パワハラ上司でした。

つまり、生まれてこの方二十年間拒否し続けてきた「めんどうくささ」のツケこそが、その人だったのです。

これは余談ですが、先日その元トレーナーに、とあるお方とのご縁を通じて、二十数年ぶりに再会しました。二十年以上もの年月とは、殺人罪を犯した犯人ですらシャバに戻れてしまうような長さです。

二冊目の著書『落語力』（KKロングセラーズ）にも書きましたが、その人は横浜の某デパートから値札二十万枚を私に手持ちで新宿の支店にまで運ばせたり、担当店のバーゲンを私一人にさせたりした人でした。

が、「時は万能薬」。不思議なものでそんな数々の傍若無人な「めんどうくさいこと」をやらされた過去を懐かしくさえ思い返せるようになっていて、その日は楽しい酒を飲むことができました（私が元来忘れっぽい性格であることもありますが）。

さて、ここに、「めんどうくさい人」との付き合いのヒントがあります。それは、「この本をお読みのあなたを悩ませている『めんどうくさい人』と、あなたが将来笑って再会できるかどうか」です。

まず笑いのネタにできるかどうか、いわゆる「シャレ」で済ませられるかどうかを確かめてみてください。その人とそんな笑える未来の絵が一瞬でも浮かぶようならトコトン付き合うべきで、反対にシャレにも何にもならないならば距離をおいてみるのです。これ、案外わかりやすいリトマス試験紙として機能します。

私はその人からの「無茶ぶり」だらけの若かりし頃、陰ではこっそり辛辣《しんらつ》にネタにしていました。「どっちみち、めんどうくさい人やモノはどんな世界でもつきまとうのだろうな。だとしたら、好きなことを追求できる世界でそれを味わってみよう」とその人のおかげでそんな気持ちになりました。

完全なる「怪我の功名」です。何が幸いするかわかりません。

もしその人がすごく優しくて少しでも居心地の良さを感じさせてくれる人だとしたら、私はワコール勤務を続けていたかもしれません。ワコールに勤務していたら無論落語家にならなかったはずですからこんな本なぞ書いてはいません。

縁は不思議です。「やっぱり小学校時代の夢だった落語家になろう」。ぼろ雑巾のようにこき使われて眠るだけの日々、そう決意しました。その後、結果ワコールでも場所を変えて福岡の地にて三年間勤務することになりましたが、新人時代のそんなサラリーマンの「悲哀」と、福岡店でのノルマ達成やら、自分の販売促進企画を通すなどの「法悦」も、充分満喫することができました。

「大好きな立川談志の門下で超一流のめんどうくさいことを味わってみよう。このめんどうくささは談志門下での仮想めんどうくささだ」（実際、談志門下のめんどうくささはそれをはるかに凌駕《りょうが》しましたが）。

こんな一連の覚悟を固めたのもその人の近くにいたおかげだったと今さらながら

思えます。「嫌いなお方の親切よりも　好いたお方の無理がいい」と都々逸《どどいつ》でも歌われています。

「同じめんどうくさいことならば、好きな世界でのめんどうくさいこと」。この言葉、岐路に立たされた時、きっと役立つはずです。

さらなる地獄の立川流前座時代

ワコールで「めんどうくささ」を人一倍経験していることは、来るべき立川流での前座修業の予行演習にもなると前向きに考えることができました。

「三年辛抱してみる」

苦しいことは期限を決めて取り組んでみると、緩和されるから不思議です。ひとまず安心するという、おそらく脳の誤作動なのかもしれません。

これは、「未来から自分を見つめること」にもなりました。「未来の自分が今の自分をほめているぞ」。あるいは、過去からも「小学校時代の自分が今の自分に声援を送っているぞ」と、未来と過去とのサンドウィッチで現在の自分を励ますことは、「もう一人の自分」が今抱えている「めんどうくささ」を分散してくれているようにも思えました。おまじないのような感覚かもしれませんが、自分を客観的に把握していればこそであります。これは、「めんどうくささの低減化」に役立ちます。ぜひお試しください。

鬼のようなトレーナーから離れ、新たに配属となった九州では、お得意先を数十軒抱えるイッパシのセールスマンとして活動していました。

口の悪い大学時代の同期らは「都落ち」などと揶揄しましたが、「落語家になるための修業期間」と捉えていたので、馬耳東風。その頃から将来の談志門下入りを打ち明けていた師匠の当時のマネージャー氏からは「いっそ福岡を席巻して来なさい」などとハッパをかけられました。

ご縁というものは不思議なもので、福岡では福岡吉本のオーディション番組に出演したのをキッカケに、いまだに交流のあるカンニング竹山氏、博多華丸《はなまる》・大吉《だいきち》両氏らとの邂逅《かいこう》がありましたし、何より、今のカミさんとの出会いもありました。

やはりそう考えると、「人生、無駄なものはねえ。もっというと人生なんざ死ぬまでの暇つぶしみてえなもんだ」という談志の言葉がキラキラと輝いてくるから不思議です。この辺りの時系列での話は、二冊目の著書『落語力』に詳しく書いています。

さて、そんな情の濃い福岡という町で育まれた社会人の感性を生かして、それを引っ提げるようにして談志門下への入門という青臭い青写真を抱いてはいましたが、やはりそれには不安がつきまといました。

何の生活の保証もない世界です。まして当時はバブルの入り口の時期、会社では還元給という「夏冬の他、三度目のボーナス」まで支給されていたような今となっては信じられない時代でもありました。

会社の上司に、「小さい頃からの夢だった落語家になりたい」旨《むね》を訴えても、「サラリーマンの方が楽だ」と慰留《いりゅう》されるだけでした。

また学生時代から親しくさせていただいていた落語研究会の先輩方ならば自分の今の率直な気持ちもわかってもらえるだろうという判断から、「憧《あこが》れの談志門下に入門したい！」と強く打ち明けても、「考え直した方がいい」と言われ続けました。

「どうしたらいいんだろう」

悩みました。ま、これは今にして思えば、相談する相手が間違っていたのです。誰もが「夢をあきらめた人」だったのです。無論どなたも常識のあるクレバーな方々でした。

これ、人生相談する際の一番陥りやすい陥穽《かんせい》です。「人生相談の鉄則」ですが、**差し当たっての夢をかなえた人、自分の場合なら「プロの落語家」にこそ悩みを相談すべきだったのです。**

あなたが「ケーキ職人になりたい」のなら、学校の先生ではなく「プロのケーキ職人」に、あなたが「プロ野球選手になりたい」のなら「プロ野球選手」に直《じか》に問《と》い質《ただ》すべきなのです。

無論、現実的に難しい場合もありますが、本気でなりたい職業ならばそのアクションは取れるはずです。逆に言えば、その程度の行動が起こせないのならとてもプロではやってはいけないとも断言できます。

その世界にいるプロへの相談となると、悩みが「具体化」されてきます。悩みは「具体化」されれば、解消に一歩近づくことを意味します。幸い私の場合は、「みんなが反対するならば余計に燃える」という性格でしたので、勢いだけで会社に辞表を出し、入門への舵《かじ》を切りました。

また、それ以前から、師匠が九州方面に訪れた際には、挨拶に出向いたり、盆暮には中元歳暮を欠かさず贈っていました(やはり「虚礼」は大事です。師匠は実際モノに弱かったのです)。

そんなプロセスを経て、平成三年四月に入門した私は、「三年で二つ目になる」という淡い期待を抱いて談志の門を叩きました。「めんどうくささ解消能力」はサラリーマン時代に充分培《つちか》ってきたとの自負がありました。

さあ、悪夢はここから始まったのであります。

談志から受ける「無茶ぶり」という「めんどうくささの極致」は、サラリーマン時代の軋轢《あつれき》以上のものでした。

サラリーマン時代は「新人教育マニュアル」もあり、当時は「パワハラ」という便利とも言うべき言葉はありませんでしたが、全社を挙げて「若手社員の退職を防ごう」という取り組みもあったせいか、忌憚《きたん》なく意見を言い合う風土がありました。

当たり前です。企業は利潤追求を第一の理念に置いているからです。利潤が第一ならば、そのマイナス要因となる事物は排除するのが道理です。ところが落語家の場合は全く違います。

「俺はお前にここにいてくれと頼んだわけではない。お前が勝手に俺のところに来ただけだ。弟子入りを認めたことが俺のお前に対する最大の妥協なのだ。迷惑以外の何物でもない」

ズシンと響く言葉です。さらにそんな「惚れた弱み」を増幅するかのような「前座修業とは、不合理・矛盾に対する忍耐力だ」「俺を快適にしろ」の二言が続きます。

つまりサラリーマン社会が「労働契約」＝「明文化」の世界ならば、落語界は、真逆の「アンチ明文化」＝「空気を読む」ことで江戸の昔から構成されてきたコミュニティなのです。

特に落語の場合は、高座に上がると前座でも真打でもたったひとりで処理しなければなりません。その際決め手となるのがアドリブ力に代表される「対応力」なのです。

修業生活における師匠は、「想定外」のことを想定しろとばかりに、無理難題をふっかけてきます。談春兄さんの書いた名著『赤めだか』（扶桑社文庫）の通りで、前座が五人いれば、二十個ぐらいの要件を言いつけます。とても聞き返せません。

「氷一貫目買ってこい」「アルミサッシの閉まりが悪いから直せ」「洗面所が漏ってる」「出版社に原稿を届けてくれ」などなど、その要件は師匠の頭の中にはずっと刻み込まれているばかりではなく、その進捗《しんちょく》状況も常にチェックしています。やはり天才です（弟子には天災でしたが）。

さらには時折繰り出す高度な「無茶ぶり」には、「こいつがどういう行動を起こすか試してみよう」という茶目っ気もありました。

今振り返るとこの茶目っ気を感受できるセンスこそが落語家としての可能性でも

あります。これをただの「めんどうくささの極致」としか受け止められない人間が、遅かれ早かれこの世界を去ってゆくのでしょう。

「練馬の家のコレクションの中から○○という腹話術師のビデオを探せ。探せなければクビだ」と言われたこともありました。

ちょうどその時、私はバスツアーの司会で伊勢神宮を訪れていました。そんな師匠からの伝言は弟弟子からの留守番電話で知りました。当時は携帯電話なんぞありません。受話器の向こうから聞こえてくる弟弟子の声から察するに師匠の理不尽な怒りは相当なもので、「最後通告」のように私の心に響き渡りました。

これ、いまだに夢の中で出てくることもあるぐらいの強烈な思い出です。主催者さんに急きょ予定を変更してもらい、名古屋からの夜行バスでなんとか東京に戻り、朝一番で練馬宅に向かいビデオが多数入っている段ボールの山と格闘し始めました。

とにかく猶予は師匠が根津のもう一軒の自宅で目覚める前です。その前に処理しなければなりません。一瞬、自分の次なる人生が去来します。そんな中、必死になってなんとか見つけることができました。

別のタイトルが貼られたケースにそれは入っていたのです。まさに間一髪でした。息を付く間もなく、根津の自宅に現物を届けに向かったのですが、素っ気ない応対に拍子抜けしました。

あれは前座から二つ目になろうとさまざまなアクションを自分なりに起こしていた時期だったのですが、師匠としてはどうも求めている基準から逸脱しているとしか思えない私のセンスのなさにほとほと嫌気《いやけ》がさしていた時期だったのだと確信します。

「夜中の三時に呼び出されて、一晩中ホウレンソウを茹《ゆ》でたこと」もありました。

「新聞社名は忘れたが、二週間前の新聞広告に出ていた◯◯という歌手の△△というレコード、買ってきてくれ」などなど。

今の世の中はスマホがあれば一発で解決なのでしょうが、とにかくあの頃は冗談抜きで命がけでした。こんな過酷な環境ではありましたが、それでも対応力は磨かれます。

入門当時まるで使えなかった私ですが、それでも「やっとお前も使えるようになってきやがったな」と言われるようになりました。そんな喜びもつかの間、敵はさらなる「めんどうくさいこと」を言い始めたのです。

「談志の弟子になる」ということ

「歌と踊りをきちんとやらなきゃ二つ目にはしない」

ある日師匠はそう断言しました。いや、もっと厳密に言うと師匠は自分の入門初期の頃から「踊りもやっておいた方がいいなあ」とは、何度か口走っていました。新たな昇進基準と明言するレベルまでは達していなかったにしても、「俺の言うことを予感していなかったお前らのセンスのなさを恥じろ」と今なら言っていたはずです。

ここにきて新たな試験科目が追加されました。つまり、最前までお話ししてきた日常面での地獄のように過酷な立ち居振る舞いは、あくまでもその前哨戦《ぜんしょうせん》だったのです。相撲で言うならば「股割り」でしょうか。スタートはそこから始まったのです。

「お前の親だって、俺の日常の細々したことをやらせるために大学まで出したわけじゃないだろ」と、よく言われましたが、その言葉は「本当の意味での無茶ぶりの到来」を意味していたのかもしれません。

が、当時は師匠から言われた用をこなしつつ、二つ目の課題でもある「落語五十席」さえ覚えれば、念願の二つ目に昇進できるものと信じていました。

ここで落語界の身分について改めて申し上げます。見習いおよび前座はあくまでも師匠の付き人であり、寄席での労働力に過ぎません。二つ目というランクに昇進して初めて落語家としての活動が公《おおやけ》に認められます。そして真打というランクになって「暖簾《のれん》分け」、弟子を取ってもいいという立場になります。

落語家のサガというか、「真打になった時より二つ目になった時の方が嬉《うれ》しかった」というホンネがあります。

関西では「年季明け」と呼ぶのが象徴的で、あくまでも前座時代は小僧や丁稚《でっち》と一緒で小間使い要員、軍隊でいう「員数外《いんずうがい》」なのであります。

そんな雑務から解放され二つ目になったという喜びは、落語家としての一人前の役割を要求される真打昇進と比べたら、わかりやすく嬉しさを噛みしめられるという意味で、「真打になった時より嬉しい」という率直な言葉になるのでしょう。

ところが、これは師匠が言っていた「踊りと歌」に対する鈍感さそのものでした。

「落語五十席さえ覚えれば、ああは言っても師匠はそのうち二つ目にしてくれるだろう」。あくまでものんきに構えすぎていました。

実際その頃は、師匠に直《じか》に付いていた時間の長かった弟弟子の談笑《だんしょう》の方が敏感で、彼は持ち前の処理能力もさることながら、危機感をかなり以前から察知して、二つ目合格に向けての対応をいち早く取っていました。

結果、後から入門した彼の方が私よりも先に二つ目に昇進するという落語界開《かい》闢《びゃく》以来前代未聞の現象を引き起こしました。彼への評価は勿論、煮え切らない私に対する恫喝《どうかつ》でもありました。

師匠の落語家人生を振り返ってみます。昭和二十七年、十六歳で入門し、昭和五十八年に落語協会を脱退し立川流を設立し、平成二十三年惜しまれつつ七十五歳でこの世を去りました。

落語家人生六十年とした場合、「入門してから落語協会を脱退するまでの三十年間」と、「立川流設立から亡くなるまでの三十年間」とに分けられます。前者を「偉大なる助走期間」＝「ホップ」とした場合、後者は「雌伏雄飛期間」＝「ステップジャンプ」と、甚《はなは》だ強引ですが分けることができます。

自分が入門した平成三年は、立川流設立八年に当たり、志の輔師匠がブレイクし、談春、志らく両大兄が、二つ目になったばかりで「立川ボーイズ」として売れ始めていたという、まさに「立川流ステップ時期」に相当していました。

晩年「江戸の風」を唱えていたことを考慮すると、この時期「踊りと歌などへの異様なるこだわり」は、その萌芽《ほうが》として出現していました。**師匠にしてみれば、弟子も後世に残る作品だった**のです。

天才は、アインシュタインが「重力波の存在」を予言したように、予言します。同じように談志は「落語の最終形は江戸の風だ」と最後の最後に予言しました。

今しみじみ思うのですが、自分の死後も弟子たちがきちんと生きていけるように、恥をかかないようにと、あの頃口を酸《す》っぱくして「踊りや歌などの歌舞音曲」を全《まっと》うすることを強く主張していた裏にはそんな師匠の熱い思いがあったのではと思います。

無論、今だからこそ許される勝手な妄想レベルではありますが。ただその頃の私の気分としては、師匠がかような親心としての「歌舞音曲の修得の必要性」を、「新たに課されためんどうくさい基準」としてしか受け止められませんでした。

「フルマラソンをし終わったランナー」に、「はい、次は二百メートル走と砲丸投げな」と言われているとしか思えなかったのです。遅まきながら、談笑に先を越されるという思い出したくもない屈辱という師匠ならではのカンフル剤で、やっと目覚めた私でした。

入門五年でそれにやっと気づいたのですから、やはり前座をクリアーするのに九年半もかかる男であります。

さあ、本当の意味での無茶ぶりはここから始まりました。これが本当の意味での「談志の弟子になる」ということだったのです。

評価を変えてくれた師匠

「歌舞音曲」。この四文字が、新たな昇進基準として付加されたあたりから、確実に師匠への向き合い方が変わりました。

今までは、師匠に振り回されるだけの日々で悪戦苦闘していました。そんなつもりで振る舞ったわけでもないのに、悪く受け止められたり、自分の真意を、説明下手もあってわかってもらえなかったりと、明らかにチグハグな日々の中、気が滅入ってばかりでした。

ただ、そういう意味で言うと「前座としての立ち居振る舞い」が二つ目昇進のチェックポイントではなくなったことに関しては、生来のドジな自分からしてみれば、一筋の明かりが見えたような気持ちにはなりました。

というのも、「歌舞音曲」という言葉の中には、「寄席演芸」という限られたフィールドではありましたが、特に指定された内容ではなく、要するに師匠曰く「踊りや歌は何やってもいい。俺の首を縦に振らせればいいだけだ」という、大学受験でいうならば「自由課目」のようにも受け止められたからです。

「今までの失地を回復するリカバリーのチャンスだ」と考えを改めて作戦を立て直しました。「守りから攻め」です。やはり攻撃的に生きた方が楽しいものです。

野球だってそうですよね。やはり醍醐味は打撃です。攻撃の基本である「バッティングセンター」はあるけれど、ひたすらノックを受けるだけの「フィールディングセンター」って、ないですもんね。

その頃は、前座の数も増え、「お前たちより、下の人間が俺に付けばいい。お前たちは、歌舞音曲の修得に努めろ」と、師匠にも言われ、大きな師匠の独演会以外は、自由な時間を許されるようになっていました。ただ本当に食えなくて、廃棄弁当を目当てに近所のコンビニでバイトをする日々でした。

午前中のバイトが終わると、月曜日・小唄と三味線、火曜日と土曜日・かっぽれ、水曜日・どじょうすくい（安来節《やすぎぶし》）、木曜日・タップダンス、金曜日・シナリオの学校と、よくもまあ、カネも身体も続いたなあと今振り返っても思うくらいに、まるで劇団の練習生のような日々を送っていました。

「とにかく師匠に認められたい」

その一心でした。自分のメタ認知力のなさから、師匠の逆鱗《げきりん》に触れるような日々は明らかに卒業するとなると、数年以上続く前座生活に嫌気はさしつつも、日々の稽古から来る疲労感は確実に充実感をもたらしました。

そんな頑張りは、周囲から師匠の耳にも当然入ります。「お前、かなりやっているらしいな」。ある日、師匠から声をかけてきました。「いつか見ていただけますか？」。思い切って打ち明けました。「わかった」。

「師匠に言われたから歌舞音曲をやっている」

そんな姿勢だったら、天才の目にはすぐわかります。

「いや、師匠にアドバイスしていただいたおかげで、歌舞音曲の面白さにやっと目覚めました。ありがとうございます！」

と、いつの日かそんな姿勢に変わっていました。結果、その後挑んだ「二つ目昇進トライアル」でまた大恥をかくことになりますが（詳しくは『大事なことはすべて立川談志に教わった』をお読みください）、「慶應卒業してきてサラリーマンもやってきたのに、何をやらせてもダメな奴」というようなレッテルを、師匠の方から剝《は》がしてくれた格好になりました。

「もう昔の自分ではないんだ」。明らかにそれは自信にもなりました。その後、さらに二、三年の年月を、最下層の前座として過ごすことになりますが、「オセロゲームの隅を取るための必要な期間」と、前向きに受け止めていました。

師匠も、「箸にも棒にもかからなかったお前がここまで来たか。この俺と向き合ってみろ。いいか、よく覚えておけ。お前をあのトライアルの時に安易に二つ目に昇進させないところに俺の凄さがある。もうちょいだ」と、そんな言葉さえかけてくれました。

あの「二つ目昇進公開トライアル」という壊滅的な失敗の理由を今さらながら振り返ると、「本来は真打昇進の際に行う公開試験というシステムを、無謀にも二つ目昇進の際にやってしまったこと」に尽きると思います。

要するに前座のレベルで満座の前で師匠を追い込んでしまったのです。「俺が決めた基準ではないことを、お前はやっている」。現場でそう言われたのを思い出します。

わかりやすく言えば「チャーハンを作ってくれ」と言っているのに「杏仁豆腐」をこさえているようなものでした。事実、タップは必須科目でもありません。

ある日師匠が「タップに比べれば太鼓なんて楽なもんだ。俺はタップは身に付かなかった」と言った一言が頭にこびりついていて、「じゃあ俺がタップを踊れるようになれば師匠は評価してくれるだろう」と浅はかな直覚で感じたからでした。そして私は浪曲までも覚え始めていました。

さらにその後前座の分際で結婚し、それを報告に行ったことで「前座で結婚とは。分をわきまえろ」と、師匠の怒りの火に油を注ぐことになります。逆に私としても所帯を持ったという自覚から「もう辞めるわけにはいかない立場になった」という決意が芽生えます。

師匠は師匠でそんな覚悟を感じるから余計自分に対する風当たりを強くしてきます。「両者いがみ合い」、まさにそんな状況でした。もうこうなれば意地比べです。「お前は落語家に向いていないから辞めちまえ」とまで言われました。何度も心が折れそうになります。こういう時ってほんとプライドが得てして邪魔をするものです。

プライドって、いわばセメントみたいなものでしょうか。自分を守る強固材です。でも、強すぎるとしなやかさが失われ、ポキンと折れてしまいます。「とことんダメな時はプライドを捨てる」。捨てることはなかなかできないので、私は徹底的に「プライドを忘れること」にしました。

まず先を越された弟弟子の談笑に「自分に足りないこと」を徹底糾弾してもらいました。目的はセコイプライドに溺《おぼ》れて二つ目になれない自分を甘やかすことではありません。**キツイかもしれませんが、恥をかくことってとても大事**な気がします。

一歩下がってみると、自分の不足していた部分と同時に彼が獲得していた部分とがハッキリと見えてきました。「そうだ、声の出し方だ」。「歌う時に、無理に高音を出そうとして、絞るような声」になっていたのです。小唄や端唄の先生に教わった調子で師匠の前で何度も歌ってもその度に却下され、腐る日々が続いていました。

「そうじゃねえんだ。俺は鼻歌でいいって言ってるのに」と。その時はこの理由がさっぱりわかりませんでした。

「師匠は俺のことが嫌いなんだ。俺は師匠に嫌われているから昇進させてくれないんだ」

これ、談志流にいうと完全なる「思考ストップ」の状態です。論理分析放棄です。「じっくり分解して考慮するより、人間そう考えた方が楽なんだ」という師匠一流の解釈です。そこです。やっと見えてきた欠点でした。原因がわかれば後はそれを解決するべく動くだけです。

友人であるザ・コンボイの瀬《せ》下《しも》尚《なお》人《と》さんから紹介してもらったボイストレーニン

グに通い始めました。喉の凝《こ》りをほぐして、自然な発声ができるよう努めました。

三か月ぐらい通い詰めた頃でしょうか、師匠のお供でテレビ局に向かうタクシーの中で、「お前、歌ってみろ」と言われました。チャンスはここです。満を持して日頃のトレーニングの成果を見せようと、歌、「三方ヶ原軍記」という講釈を披露します。いきなり何が始まったのかと驚く運転手さんの横顔を尻目に、師匠の気分も高揚します。

「そうだ。やっと、わかったか。そういう歌い方でいいんだ。根津（自宅マンション）で踊りを見てやる」。踊りはすでに高評価をもらっていましたので自信ある「ずぼら」と「大津絵《おおつえ》」をさらりとやると、「手間かけやがって。合格だ。認めてやる」の一言でした。こうしてかくも長く続いた前座生活の幕はあっけなく閉じられました。

「めんどうくささ」を「無茶ぶり」と置き換えると

ここでわが落語家人生を振り返ってみます。入門当初から前座の身分での二つ目トライアルまでの期間は「暗黒期間」でした。とにかくこの時期は「立ち居振る舞いの器用さ」を主として問われる時期で、根っからのドジで不調法《ぶちょうほう》モノの私は毎日烈火のごとく怒鳴られる日々でした。思い出したくない日々だらけです。

その後、以前書いたように二つ目昇進基準として「歌舞音曲」の比重が異様に高まったことをキッカケに、自分にもチャンスはあるのだと、暗闇ながらも明かりが見えそうな予感を覚え、充実した日々を過ごしていました。

したがってトライアル直後から二つ目昇進までが「黎明《れいめい》期間」と呼べるかと存じます。いわば、本当の意味での夜明けが近づいてきました。

つまりここからが本当の意味での弟子入りなのでした。さて、晴れて第一次段階をクリアーした私には、さらなる師匠の「めんどうくさい言葉」が待っていました。

二つ目昇進披露パーティは、当時所帯を持ったばかりということもあってカミさんとの結婚式も兼ねて開催しました。翌日お礼のご挨拶に師匠宅に行くと、なんと「お前、二、三年で真打になれ。基礎はできたんだ。あとは応用だ」と言われたのです。

「天才はワープする」

「よく昇進した」という労《ねぎら》いの言葉をひそかに期待していた私はバカでした。ここで無骨にも師匠の基準を中央突破して二つ目になったということは、師匠の側から見れば「やっと俺の価値観に近づいた」、つまり「ならばもっとハードルを上げてやる」ということを同時に意味します。

あくまでも「めんどうくさい親切さ」なのです。どんどん進化するのが天才たる所以《ゆえん》なのです。以降は、『大事なことはすべて立川談志に教わった』にも書きましたが、応用編としての「片足かっぽれ」と「雪駄《せった》タップ」での評価が高まり、その後三年ほどで真打に昇進することになりました。

ここにきてやっと、師匠がただの「無茶ぶり親父」でも「めんどうくさいおっさん」でもなんでもなかったということがやっとわかるようになりました。

本当にすごい人は、ここが一番大事なのですが、自らにも無茶ぶりを、自らに対してもめんどうくさい生き方を強いているのです。

　師匠がなかなか昇進を認めてくれず、腐る日々が続いていた頃です。正直師匠を怨《うら》もうとしていました。基準をクリアーすべく努力するより、そういうマイナスな感情に打ちひしがれている方が楽でもありました。無論そんな気持ちは師匠にはお見通しでしょう。

「いいか、お前が好きとか嫌いとかで、昇進させないわけじゃないんだ。たとえお前がどんなに嫌いな奴だったとしても、俺の基準をクリアーしたら、即認めてやる」

　これは逆に「どんなに好きな人間だとしても、基準を満たさない限り昇進させない」という意味で、自分で弟子に課した基準を、自分にも課していたようなストイックさから出た言葉に違いありません。自縄自縛《じじょうじばく》なのです。

　その証拠に、師匠が六十歳を迎えたこの頃は、円熟味から更なる高みを芸の上でも見せていた時期でした。日々落語と格闘し、それをライブで問いながら、更にその結果をフィードバックさせていくというまさにその渦中でした。

「ミューズが微笑《ほほえ》んだ」と自らをして言わしめた「あの伝説のよみうりホールでの『芝浜』」を芸人人生の最高点とすると、明らかにそれに向かって上り詰めてゆくプロセスと言えるでしょう。ゆえに自らの芸のチェックが厳しくなるのと同時に、自分の死後も残るべき弟子の芸へのチェックも厳しくなったのです。

「昔の俺なら看過《かんか》したことかもしれないが、この時期入門したお前は自分自身を怨《うら》め。もっともこれは後になって振り返ればよかったんだと、お前が将来まともになっていたら思えるはずだがな」

と、独演会の打ち上げの帰りに、ほろ酔い気分で言われたことがあります。立川流独自の異様に長い前座修業の裏側にはこんな一面があったのです。

　ここで改めて「めんどうくささ」を「無茶ぶり」と置き換えてみましょう。やや強引ですが、大事なところですから付いてきてください。

　ほぼ意味的には一緒ですが、**主として「めんどうくささ」は受信者側の感情に起因するものが多そうです**。発信者側は自分が「めんどうくさいことをやらせている」というような自覚がないケースがほとんどですもんね。無論無自覚だからこそたちが悪い場合も多いのですが（無自覚にたちの悪い「めんどうくさい人」への対処法はのちほどゆっくり述べますね）。

　これに対して「無茶ぶり」は、発信者側にも受信者側にもあてはまるゆるい言葉のような気がします。ま、「無茶ぶり」とは元来がテレビのバラエティ番組に端を発した言葉ですからどこか明るい印象があるので、それをうまい具合に利用しようというのです。

「めんどうくさい」という言葉の方が「無茶ぶり」より、意図的にマイナスな気持ちを含ませた響きもありますので、「無茶ぶり」の語感やら印象を借りて「めんどうくさい」という意識を緩和させるとでもいうのでしょうか。要するに語感です。

余談ですが、語感って大事ですよね。話は逸《そ》れますが、「ガン」という語感を変えるべきだとネタでしゃべったことがあります。「ガン」は「ガーン」と鈍器で殴られたような響きにも似た重苦しい雰囲気があります。ならいっそ「ポン」に変えたらどうかと提案してみました。

「ガンじゃなくてポンだった」。「癌研病院に入院した」より「ポン研病院に入院した」の方が、受け止める印象は軽くなってガンの治癒《ちゆ》率もアップするのではというバカバカしいものですが、結構ウケています。

話を元に戻しますが、同じように「めんどうくさいもの」を、一旦「無茶ぶり」と切り替えてみると、なんだか「めんどうくさくなくなる」ようなそんな気持ちにもなりますよね。

これは脳の誤作動なのですが、そこなんです。一瞬だけ思ってみましょう。成長するか退歩するかの瀬戸際がここにあると思ってみましょう。要するに、生理的に嫌悪感を招きかねない「めんどうくささ」を、数値化して対応しやすくするために一瞬「無茶ぶり」という仮設住宅に住まわせるのです。

強制的に発信者側の「めんどうくささ」を、「無茶ぶり」と翻訳させてしまうということは、つまりは「行動をより具体化することができる」可能性を見出せるということにもつながります。

逆に「めんどうくさいが無茶ぶりと言い直せるかどうか」。これも一つのパワハラとの差異を示す大事な指標だと思います。あと、先に挙げた師匠談志の生き方のように、やはり「めんどうくさい」と思える発信者側の人が、自らも高めようと自らに「更なるめんどうくさいこと」を強いているかどうか。

要するに、尊敬できるかどうか、一生惚れぬく値打ちがあるかどうかは、そこにかかっていると確信します。ブラック企業のオーナーには少なくともそんな匂いは皆無でしょう。断じて言います。立川流は決してブラック企業ではありません。というか、そもそも企業ではありません。

真打昇進後〜師匠との別れ〜現在

身もふたもない言い方をしちゃいます。幾多の「無茶ぶり」や「めんどうくささ」をクリアーして真打にたどり着くまでが、一応の目標アウトラインであるとするならば、その目的達成以降は、一言で言うならば、「死ぬまでの現状維持」こそが大半の落語家の生きる道なのかもしれません。

真打というのは決して名人に対する称号ではありません。否、落語家が数として少なく、落語という娯楽がまだ江戸の郷土芸能だった頃ならばそうも言えたはずなのですが、今や時代は大きく変わりました。現に私が入門した二十数年前からも激しく変わりつつあります。

まず落語専門の月刊誌『東京かわら版』というものがあります。これは首都圏近郊で開催される落語会の情報誌なのですが、入門以来その厚さはほぼ倍になりました。

落語家の数が増えたのに比例して、落語会の数も莫大に増えたことに起因します。無論関係者限定のクロウズドで開催される会などを計上すれば、実質掲載されている落語会の更にその数倍にもなると言われています。マーケット拡大は歓迎すべき事柄であるのですが、同時にこれは時代と共に、落語家の存在意義も変わりつつあることも意味しているのではと私は推察します。

それを天才的な皮膚感覚で予見したのが師匠談志でした。だからこそ「江戸の風」というキーワードを掲げ、落語の将来像をそこに照準を設定し、それになじむような体質改善的な作法として、あれほど晩年弟子に対して「歌舞音曲」の全うを求めたのでしょう。

他の団体のほぼ三倍近くを前座修業クリアーに充てたのもそこに意味があると確信しています。「江戸の風」を吹かす立場になるには、その素養修得期間は必然的に長くなるのは今にして思えば道理です。

前座時代にみっちりと師匠に向き合うと、その反動というか、真打になると、得てして師匠から離れてしまうものです。実際私自身がそうでした。

いや、カッコ付けすぎに聞こえるかもしれませんが、「いち早く師匠の元を離れて、(照れ臭い言い方ですが) 出世街道を遠くから見せることで、安心させたい」。そんな意識になっていました。

「伝聞という形で師匠に自分の活躍のほどを見せる」

これが真打以降の師匠へのアプローチの仕方だと、自分もそんな接し方に憧れすら持っていました。ずっと「めんどうくさい」対象であったお方にはそんな振る舞いが自然なのかもなと幾分さびしくもありますが、それが徒弟制度の最終形態なのかなあと、自らを納得させていました。

「たまの新年会や夏のご挨拶などの年に数回のみ師匠に会うだけでいいや。何を今さらってなもんだよ」

照れもありますが、自分をはじめ概《おおむ》ねの先輩方も、師匠に対してそんな雰囲気でいるように思われました。で、ここからは今となってはの後悔であります。

この辺りの師匠の描写は、立川談四楼《だんしろう》師匠の『談志が死んだ』（新潮社）に詳しいのですが、今さらにして思えば迫りくる老いと向き合う日々だったのでしょうか、いや、もうその頃から病との戦いは始まっていたのでしょうか、かなりナーバスな時期にも差し掛かっていました。

師匠との旅先で「近頃なあ、イライラする元気すらねえんだ」と打ち明けられたことがあります。そういう敏感な心境を打ち明けられる立場に私はなっていたということでもありますが、確実に寄る年波を痛感した一瞬でもありました。

その後本人も摂生《せっせい》に努めて、無論打ち上げでも禁酒を徹底し、小康状態をキープするような日々が続きました。

そんな時、私は日頃から懇意《こんい》にしている佐久市長より打診を受け、二〇一〇年、総合文化施設「佐久市コスモホール」の館長に就任することになりました。佐久市での記者会見後すぐその足で吉報を知らせるべく「就任記念落語会への出演依頼」を兼ねて師匠の住むマンションに向かいました。

「おもしれえな。やってみろ。私物化しちまえ」と、総合文化施設館長だけに相好を崩すように笑みを浮かべました。で、師匠は帰り際、私に一言こう言いました。

「お前、俺に聞きたいことないか？」

戸惑いました。そんな聞き方をされたのは初めてでした。真打という一人前のランクになって三年以上も経っていた私です。まして、老体にムチ打ちながら高座を務める日々を過ごす師匠に向かって、くだらない質問をして師匠を煩《わずら》わせるのは申し訳ないだろうという思いが一瞬働きました。

「いえ、特には」

「ならいいや」

師匠がいなくなったいま、こうして考えると本当に惜しいことをしました。これは「師匠をめんどうくさいと思っていた時期」から、「師匠をめんどうくさい状況に追い込んでしまっては申し訳ないと思う時期」への変化、つまり成長という意味でもありましたが、勿体ない自己規制でした。

「なんでも持って来い。俺が全部論理分解してやる」という血気盛んな時期には、自分はまだ前座という身分で、師匠の基準をクリアーする以前の「価値観がまだ師匠とは同じに至っていない時期」で、いざ価値観が同じになった時には、こちらが勝手にセーブしてしまっていたなんて、なんとチグハグで残念なことなのでしょうか。

いかにも私の人生を象徴してはいますが。あの数年前の師匠のマンションでのひとときこそ、もっと甘えればよかったのになと、いま慟哭《どうこく》のような激しい後悔をしています。

もしバカなことを聞いたとしても、「そんなバカなことを聞くな」なんて言うはずがないですし、いや、もし万が一そう言われたからと言ってそれはそれできっと私の落語家としての財産になったはずだと今さらながら思います。だって天才でしたから。

「めんどうくさい人」との付き合い、これも縁です。そしてその縁は一期一会です。もう二度とはめぐってこないチャンスとも言えます。

人生はどう生きても後悔ばかりであるとも言えますが、どうせならそういうのを少しでも減らせたら人生は有意義になるはずだと思います。**魅力あるめんどうくさい人にはトコトン寄り添いましょう。**

「明日ありと思う心の仇桜《あだざくら》　夜半《よわ》に嵐の吹かぬものかは」（親鸞）。

談志語録～天才は予言する

ここでは、山のようにぶつけられた師匠からの罵詈雑言《ばりぞうごん》のようにも聞こえる「めんどうくさい」言葉の中から、「これは深い（不快でもありますが）！」という言葉をピックアップしてみます。

（1）「現実が事実」

数多い談志語録の中でもとりわけ深いなあと思う言葉ですな。とにかく談志はスーパーリアリストでもあり、ロマンチストでもありました。「現実が事実」は、冷たい響きにも感じますが、冷静なる分析でもあります。スーパーリアリストが、ロマンチストを目指したのですから、天下を獲らざるを得なかったとも分析できます。

前座修業が長引き、なかなか師匠から認められない日々の中、この言葉を言われました。一生懸命やっているのに結果が出ない。そんな毎日の中でのこの言葉は冷酷にすら感じましたが、それが事実なのです。この言葉の後にさらに「評価は他人が下すもの」という決定打を放たれました。これは堪ったものではありませんでした。「自己評価で自分を甘やかすな」という意味なのですが、この言葉を自らに課して、自らの力のみでその地位を得た師匠だからこそ言える言葉です。

一見救いようのない言葉にも感じますが、よくよく吟味してみると、実はこの言葉には対処法があるのではと、近頃感じ始めました。「現実と向き合っているうちに、現実と仲良くなってしまえ」というメッセージだと変換してみると、グンと、視野が広まるのです。

何より弟子が売れることを望んだ師匠でした。弟子の居場所を誰よりも喜んでくれました。「売れないならどんな手を使ってでも世間から評価されてみろ」。現実をなだめすかして、取り入っちまえ。そうすりゃそんな事実が既成事実化してそれはお前の評価につながってゆく。つまり「俺は既成事実も立派な事実として認めてやる」と言いたかったのではと思います。

冒頭の言葉を暴投のようにかなり曲解していますが、コネも伝手《つて》もない人間が世に出るための作法として理解した方が前向きになれるような気がします。

(2)「愛情とは相互のエゴイズムのバランス」

これも、冷淡のようにも聞こえる冷徹な言葉ですな。「人間の業の肯定」というのが落語の定義だとしたら、「もともと人間なんて身勝手そのものなんだ。愛情という不確かなモノに幻想を抱くな」という金言にもつながります。

確かに、互いに愛情を確認し合って一緒になったはずの二人が別れるなんてことは、よく考えたらあり得ないことです。人間というのは「愛情」を言葉にしないと不安になってしまうほど脆《もろ》い生き物なのです。しかも夫婦は保険加入のように先に書面で契約してから一緒になるわけではありません(婚姻届は契約ではなく、役場への手続きですね)。たまたまなのです。

動物は本能がすべてでそれがきちんとプログラミングされているから人間のような破たんは起きないのです。前頭葉が肥大してしまった生物界における突然変異の異物こそが人間で、そんな不安定な生き物だからそれが醸《かも》し出す言動こそが笑いの種であり、ネタなのだと言いたかったのでしょう。

ただ、師匠が凄いのは、こう言っておきながら返す刀で「夫婦になった以上、別れるなよ」と、はなむけで鮮やかに〆《しめ》ることです。私どもの結婚式でも師匠にはそう言われました。志の輔師匠をはじめとする優秀な弟子を認めるだけではなく、前座を九年半もかかってやっと卒業した私のようなどんくさい弟子も、その存在を認めてくれる師匠の度量を考えると、やはり師匠の言葉には、きちんと救いがあるのだと痛感します。

（3）「人間関係は、いい誤解か悪い誤解しかない」

要するに世の中はすべて誤解で成り立っているということです。裏を返せば、正義はないということです。「女郎買いに行こうと言われれば断りやすいが、貧しい人を助けましょうというのは断りにくいわな」と生前よく言っていました。

正義は自己検証を放棄します。唯一無二を主張します。ハッキリ言ってしまえば傲慢《ごうまん》でもあります。時としてそれは人を追い込みます。

IS（イスラム国）の横暴さや悲惨さが喧伝《けんでん》されていますが、彼らには彼らなりの「アラブの正義」があります。

「一眼国《いちがんこく》」という落語があります。「一つ目の国」に忍び込み、一つ目小僧をかっさらって来て見世物小屋に売り飛ばそうと企てた二人組が逆に捕らえられ、「こいつたち二人、二つ目をしている。見世物小屋に売り飛ばせ」という、見事なオチで終わります。

これは、「一つ目小僧の世界に行けば我々が異常になる」という、「価値観なんてせまいエリアでしか通用しないいんだよ」、つまり「絶対的な価値観なんて存在しないんだよ」と見事に喝破《かっぱ》しているのです。

正義や正論は時として人を傷つけます。自分が絶対的に正しいと思い込むということに「照れ」を感じろということなのでしょうか。

「所詮《しょせん》誤解した者同士でしか人間は分かち合えないモノだ。その僥倖《ぎょうこう》に感謝せよ」と言っているようにも思えます。

人間はどこまでも不完全なものです。「だからこそ努力してちゃんとしよう」というのが文明ならば、「どうせ不完全なダメな者同士、仲良くしようぜ」というのが落語の世界なのだと思います。

(4)「いい人というのは自分にとって都合のいい人」

よく独演会終了後など、若い女性にサインを頼まれた時には、「いいかい、いい男、見つけなよ。いい男というのは自分にとって都合のいい男をいうんだ」とアドバイスしていました。なんたるわかりやすい優しさでしょうか。改めて吟味してみましょう。

「いい人」というと、なんだか全人格的に優れた人を想定してしまいますが、「都合のいい人」をイメージすると、「自分の望んでいる方向性に合致しただけの人」となります。

つまりここに「相手に過度の期待を求めない」というブレーキが幾分かかること

になります。この微妙な差配が優しさを生むような気がしませんか？

やはり談志の言葉はとことん優しいのです。自分が二枚目を求めているのなら、その都合に沿うように、外見のみの男を求めればいいだけの話ですし、「気配りのできる女性」を求めたいのなら、そんな自分の都合に合うような女性を探せばいいだけです。

こう考えるとかなりドライのようではありますが、「相手に自分の都合という必要以上の内容を求めない」というエチケットにもつながりますし、結果として、いい出会いを得られるようにも思えます。

逆に「相手の都合に合わせられるような人」はモテるとも断言できます。「都合のいい女は卒業したい」。よく下手なドラマの脚本ではつぶやかれがちなセリフですが、自分が能動的にそう振る舞うとしたならば、決して不快ではないはずです。

以上、めんどうくささそのものとも言えた師匠の生き方の中から、皆様の日々の生活に役立つような言葉に、解説という補助線を引いてみました。「俺はそんなつもりで言ったわけではないのにな」と師匠の苦笑いが聞こえてきますが、「如是我《にょぜが》聞《もん》」（このように私は聞いた）は仏教の基本でもあります。

第三章

落語から学ぶ「めんどうくさい人」への対応力

――与太郎編

「ガミガミ型」には与太郎対応を

この章では、落語の登場人物である与太郎の言動を取り上げ、実践的めんどうくさい人との接し方をお話ししてみます。

落語の中のメインキャラクターとも言える与太郎。バカの代表格と称される男で、多くの演者は「与太郎＝バカ」として演じていますが、師匠談志だけは違っていました。

「こいつはバカじゃない。バカな奴が、落語『道具屋』の中で『道具屋、お月様見て跳ねる』なんていうわけはない」と、与太郎の名誉回復的発言をしました。

そんな師匠の「与太郎はバカではない」という汚名返上の動きに乗りつつ、ここで改めて「落語は人間の業《ごう》の肯定である」という大定義に即して考えてみると、「人間の愚かしさを一手に引き受けて、愚かしさを具現化している人物」こそ与太郎ではないかと思います。

つまり、人類共通の、普遍性のあるバカさ加減を擬人化したキャラクターが与太郎なのです。「落語の笑い」は、「日本人が英知をかけて積み上げてきた血液型のような共通の笑い」であります。

誰にもぴったりハマる笑いだからこそ、江戸時代以降三百年以上も日本人を楽しませてきました。

言い換えれば「失敗集大成」です。江戸庶民の間で培《つちか》われた処世術やら作法をくまなく網羅《もうら》したコンテンツです。人々は、笑いながら、「ああ、こういうことをすると人は失敗するんだな」とか、逆に「なるほど、そんな上手い物言いだと怒られないんだな」というスキルを身に付けてきました。

江戸は、当時世界最大の人口を有した町ですが、そのエリアは今の東京二十三区ではありません。明暦の大火以後拡大したとはいえ皇居を中心とした狭いワクの中に八百八町もの入り組んだ都市空間を構成し、そこにほぼ百万人もの人口を抱えていました。

「九尺二間」という最小の住まいの単位に、町人たちは主として住んでいましたが、メートル法に直すと、間口が約二・七メートル、奥行きが約三・六メートルという現在のほぼ六畳一間であります。

そんな狭い空間にひしめき合っていたのに、三百年近くもの間、暴動らしい暴動が起きなかったのには、「避け方」「逃げ方」「かわし方」が徹底していたのではと想像します。覗《のぞ》こうと思えば覗けるけれど、あえて見ない「見て見ぬふり」、薄っぺらい長屋の壁から漏れてくる会話も、聞こえているけど「聞こえないふり」などなど、出自のいい加減さが判明した「江戸しぐさ」とまではいきませんが、落語を通じて、生活マナー諸々を学んだのではという仮説はあながち間違ってはいないと確信します。

また、支配者階級の武家層が、歴史をはじめとする武士の生き方を講談から学んだのとは好対照でもあります。

さて、そんな落語を生活テキストとしてとらえた場合、与太郎のドジな立ち居振る舞いを通じて、日本人は様々な学習をします。「自分はあんなことはしないよな」という幾分上から目線ではありますが。そしてそんな与太郎に対して、教育的な立場になるのが、長屋の大家さんであり、商売を仕込もうという親類のおじさんであります。

前者の具体的な落語として「大工調べ」が、後者のそれとして「かぼちゃ屋」が挙げられます。**山ほどのしくじりを繰り返しながらも、周囲の人間に邪険にされな**

いのが与太郎の愛すべき魅力でもありますが、ある面、理想ですよね。ここは「落語にはいじめがない」と、誇るべきところかもしれません。

さて、与太郎のこのスタンスは、非常に示唆的であります。大家さんも親類のおじさんも、与太郎に対して「ガミガミ」言うタイプです。大家さんは町役人としての責任から、親類のおじさんが身内としての義務からでしょうか。

さて、ここで改めて「逆に」考えてみましょう。最初に与太郎の存在があっての彼らの応対ではなく、彼らが「ツッコミ型」ゆえに、その緩和装置として与太郎の「ボケ」対応があるのではと飛躍させてみると、ここに「めんどうくさい人」との接し方が浮かび上がってきそうな感じがします。

与太郎は彼なりの英知を活かして、もともとのガミガミ型の大家さんや親類のおじさんに対して、あのような「ボケ型スキル」を後天的に身に付けたのではという逆転の発想は、落語に深みをも与えますし、師匠の「与太郎は賢い」という説を補強しますし、何より現在リアルに「ガミガミ型」上司などの存在に悩んでいる人への希望の灯りにも見えてきます。

今の世の中、「ツッコミ」ばかりです。SNSが普及し、フェイスブックなどでは各界著名人とは面識がなくても当然のように「友達申請」をし、「疑似友達」となり、一挙に距離を縮めています。

無論メリットはあります。著名人サイドとしても芸能人芸能人したような「よそ行きの顔」ではなく、「普段着の魅力」をアピールし新たなファン層を獲得できる可能性が高まります。が、この距離の近さが仇《あだ》となり、勘違いしてしまったかなりめんどうくさい人たちから「総ツッコミ」を受けるといういわゆる「炎上」を招いたりしがちになります。

ブログをはじめとして誰もが評論家的な発信をするようになったからでしょうか。かなりの炎上を繰り返している芸人の西野《にしの》亮廣《あきひろ》さんは「ツッコミはバカ」と言ってのけましたが（またこれで敵を増やしてしまうのが無論彼の想定内でもあるのですが）、今の世の中、知性を要求されるのはむしろ「ボケ」の方なのかもしれません。

うーむ、やはり与太郎はバカではなさそうです。

与太郎から学ぶ「ボケ型」（守備型）スキル

「大工調べ」という落語があります。与太郎が主体となって活躍する噺《はなし》ではありません。ま、言ってしまえば与太郎はあくまでもどんな落語にも「自らは巻き込まれる形」で噺に関わってきます。嵐を呼ぶ男ならぬ「嵐に巻き込まれる男」なのです。

この「大工調べ」も、そのようにして始まります。大工の棟梁・八五郎が、仕事に出ない同じく大工の与太郎に、業《ごう》を煮やしてやってきます。聞けば与太郎、「店《たな》賃《ちん》のカタ」として、「大家さんに道具箱を持っていかれちまって仕事に行けない」と答えます。

溜《た》まっていた店賃の額は一両二分と八百文。棟梁は持ち合わせが一両二分だけだったので、残りの八百文は、「御の字だ」「あたぼうだ」「本来なら言いずくによれば道具箱はタダでも返してもらえるんだが、相手が町役人だから云々」と、与太郎限定の「内緒話」を伝えて「八百は後から返しますからひとまず道具箱を返してもらうように」と、大家の家に行かせます。

そこで与太郎は（ここが与太郎噺《ばなし》の醍醐味なのですが）、「御の字だ」「あたぼうだ」「言いずくによればただでも返してもらえる」と、棟梁との間の内緒話をそのまんま暴露してしまい、大家さんを激怒させてしまいます。手ぶらで帰ってきた与太郎に事の次第を聞いた八五郎は、仕方なしに与太郎共々、大家さんの家に謝りに行きます。そして、ここでの八五郎の物言いに大家さんが皮肉たっぷりに受け答えたことに対して、八五郎も大家に向かって激怒。大家さんの来し方来歴を流暢《りゅうちょう》な啖呵《たんか》で披露します。

またその八五郎の啖呵をなぞるように与太郎がチグハグな啖呵を切り、さらに笑いを招きます（ここが聞かせどころでもあります）。で、あくまでもここでの盛り上がりあたりをメインに据《す》えた形で大概の「大工調べ」はカットされます。

さ、問題はここからです。ここまでが「上」としての部分で、ここからは「下」、お裁《さば》きの場面へとなります。南町奉行所にこの裁定は持ち越しとなり、「大家に対して店賃を払わないのは無礼」となり、八五郎は大家に不足分を払い「もう一度集まるように」と命じられ、解散となります。

翌日奉行は大家に「質株を持っているか」と問い、「持っていない」と答える。「質株を持たずして道具箱を取り上げるのも無礼」として即刻与太郎に返すように言い、「違法に与太郎の道具箱を取り上げたことによって発生した二十日分の大工の手間賃銀二百匁《ぎんにひゃくもんめ》（金換算で三両三分三朱）を支払うように命じます。

これにて一件落着、みな帰ろうとすると、奉行は棟梁を呼びつけ、「一両二分のかたに、二百匁とは。ちと儲かったな。さすが大工は棟梁（細工はりゅうりゅう）」

「へえ、調べ（仕上げ）をごろうじろ」。

ざっとあらすじはこんな感じですが、言ってしまえば、与太郎自身は騒動を起こしているという意識は全くありません。あくまでも棟梁の言ったセリフをそのまんま相手に伝えてしまい、結果騒ぎが盛り上がってしまうことを考えると、与太郎側からしてみれば「あたいは被害者だよ」ということなのでしょう。

大工調べの場合、与太郎は「実は老母の世話もしている働き者」＝「愛すべきキャラ」という設定ですので、そこに江戸っ子らしい人情味を感じた南町奉行所の見事な差配が加味され、大家のマイナス部分が露呈されただけではなく、資金的にもサポートを受けたのですから、結果論として与太郎側の勝利とも言えます。

ですから、ここで与太郎的な「スキル」を身に付けるというより、つまり「キャラ」としての彼の特性を学ぶというより、ひと呼吸置いて、真似てみてはいかがでしょうかという提案です。

ここでお上から町役人としての権力を付与されたのが大家さんです。現代で言うならば、政治的権力のある有力者という立場の人でしょうか。そういう人に対しては、「逆らうな。体をかわせ」というのは立派な一つの手です。

無論リアルな与太郎は実生活ではただの迷惑ではありますが、相手の感情に合わせてその土俵に乗ってしまうと、相手の思うつぼです。

ガミガミ型の上司の感情に合わせてしまってはどうにもなりません。「こんな場面だったら、与太郎ならどうするだろうか」と今の辛い現状を鑑《かんが》みながらつぶやいてみると、ふと「なんだこれって、落語じゃないか」と思える瞬間が必ずあります。

落語はすべてを受け入れます。あくまでも与太郎のように親を大事にするなど日頃の務めを全うしていると「愛されるべきキャラ」として、たとえどんなドジをしでかしても救われているのではという仮説も成立しそうですよね。

同じような与太郎が主役の落語に「かぼちゃ屋」があります。この噺は「大工調べ」とはちがって前座噺《ぜんざばなし》で、今度は親類のおじさんからかぼちゃを売るように仕込まれ、行った先でおじさんからのアドバイスを曲解して笑いを起こすという他愛ない噺です。またここでも与太郎はおじさんの言いつけである「逆らうな。いいなりになって売れ」を忠実に守り、殴られようとしてまでかぼちゃを売ろうとする

「愛すべきキャラ力」を発揮し、難を逃れるどころか売り切ってしまいます（ま、元値で売ってしまうのでありますが）。

そして、この落語では与太郎の名言金言が出てきます。「世の中は売る奴が利口で買う奴がバカなんだ。間の悪い奴は間に入って売らなきゃいけない」と。談志はこれを「経済の根本理念」と見抜きました。「かぼちゃ屋」のように、元値に値を付けて売る（ここでは「上を見る」という言葉にしています）のが商売の基本です。与太郎はそんなかぼちゃの入った天秤棒《てんびんぼう》を担がされ、めんどうくさそうに「売る奴が利口で買う奴がバカ」とのたまうのです。確かに資本主義とは、「みんなが利口側に回りたがり、買ってくれるバカを探し続けるという一連の運動」とも言えます。バカという言葉をそのまんま使うと語弊がありますので、ここは「強制的に買わされる弱い立場」と差し替えると、これは「植民地政策」のいびつさとも結びつきます。現代の資本主義のひずみは「もう買ってくれるバカがいなくなった」のに、幻想としてそんな対象を追い求めているからこそ起きているのかもしれません。

ここまで来ると、資本主義のシステムエラーを見抜いたような与太郎はもはやマルクスやピケティみたいですよね。「バカ」を装った知性人とも思えてきます。もはや思想家にも見えてきます。**スキルではなく「キャラ」**。見ている人は必ずいます。

「鏡の法則」について

「ツッコミはバカ」という西野亮廣さんの名言は、逆に「ボケこそ賢く」という矜持《きょうじ》にも聞こえます。与太郎のスキルというか「ボケ型」キャラは愛されるのが前提ですので、そんな愛されるためのキャラ作りにこそ「知性」を施せというのでしょう。

これは談志の「与太郎はバカじゃない」に通底し得ます。ボケ型スキルは、「愛すべきキャラ」が前提ですので、これは「敵を作ろうとしない」という意味では「守備型」とも言えるでしょう。こんな「守備型」の姿勢としていつも思いだすのが、今は亡き長門裕之さんから聞いたお話です。

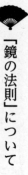

十年ほど前でしょうか、ある二時間ドラマに落語家の役として出演させていただきました。脚本家の安井国穂《やすいくにほ》さんと仲良くさせていただいていたご縁でしたが、一流のプロの役者さんたちとのやり取り、呼吸、間合いは本当に勉強になりました。

私はそのまんま落語家役を頂戴しましたが、さすが顔も名前も知れ渡っている役者さんたちは多種多様の役柄を演じていました。主演の高島礼子さんは主婦役、雛《ひな》形《がた》あきこさんは元契約社員、寺田農《みのり》さんは医者役で、長門裕之さんは町内会の老人役でした。

一週間ぐらい同じ現場で同じ空気を吸っていますとすっかり打ち解けて、いろんなお話も伺えるようになります。

ある日の休憩時間、控室でたまたま長門さんと二人だけになりました。「人間が二人以上いてそこに会話がないのは暗い状況」。これは以前にも言いましたが紀伊國屋書店創業者の田辺茂一《たなべもいち》さんの言葉です。思い切って長門さんに話しかけてみました。

「長門さん、今、大丈夫ですか」

「おう、談慶くんか。談志さんの弟子だよね」

「はい、十八番目の弟子です」

「僕は談志さんとは実は面白い話があってね。まだ談志さんが二十代の頃かな、銀座でたまたま擦れ違った時にね、いきなり僕に『私はあなたを評価しています。どうです、コーヒーでも』と言われてね。コーヒーをおごってもらったんだよ」

ニコニコ思い出話をしてくださいました。こういう時は師匠が超メジャーでよかったなあと思います。ひとしきり師匠の話に花を咲かせた後、私は本題を切り出しました。「長門さん、単刀直入に言います。夫婦円満の秘訣を教えてください！」。当時確か、自分自身も真打昇進直前の時期に当たり、目標は定まってはいましたが、なんとなく空回りもしていました。そんな時期、決して冷め切っていたわけではありませんが、「おしどり夫婦」の誉《ほま》れの高い長門さんに先輩として長続きする秘訣というか、アドバイスを乞《こ》うた格好でした。

長門さんは、おもむろに腕組みをし、

「談慶くん、君は自分の奥さんを嫌な女だと思うことがあるかね？」

「いつもです」

「君ね！　いいかい、奥さんが嫌な女の時っていうのはだね、君が嫌な男なんだよ！」

一瞬何を言ってるかさっぱりわかりませんでした。

「……どういうことですか？」

「奥さんを、鏡だと思いなさい。奥さんがいい女の時は君がいい男なんだ。反対に嫌な女の時には君が嫌な男なんだよ」

なるほど。さすが一流の表現者はわかりやすい言葉で真理を突いてきます。たかだか十数分の出来事でしたが、なんだか途轍《とてつ》もないお宝を頂いたような心持ちになりました。相手を鏡だと思う。

これ、夫婦間のみならずすべての人間関係に敷衍《ふえん》できるのではないでしょうか。**苦手な人は自分の嫌な部分を背負って目の前に現れてきたのかもしれません。**

「鏡の法則」とは、「すべて自分の周囲にあるものは、自分自身の写しである」ということ、つまりは、「すべては自分自身の転写」なのだということです。

寝癖《ねぐせ》がひどい時、どうしますか。鏡をまず見ますよね。その後、鏡の中の自分に手を突っ込んで髪を直そうとする人はいません。まず「我が身を振り返り、自分を直そうとする」。そうしないと問題解決にはならないからです。

でも多くの人がいろんな問題が起こった時、寝癖直しとは真逆で、自分自身を改めようとせず、鏡の中に手を入れて直そうとしてしまいます。そしてイライラしてしまいます。上手くいかない原因はここにあるというのが、「鏡の法則」です。

これって、最前申し上げたように守備型要素の強い行為です。自分の行為をまず鑑みなければならないのですから。人間は、嫌なことは他人のせいにしてしまうという「攻撃的」な行動で、得てして失敗してしまうのかもしれません。

前座九年半。今となってはやっと大切な時期だったなあと省みることもできるようにはなりましたが、その渦中は「師匠が昇進させてくれない」というような、ステージアップできない原因を師匠＝他者に求めていました。

実際にあの頃、師匠は「嫌な人」だと思ってしまったことすらありました。鏡に映った自分＝「昇進基準を満たしていない醜《ひど》い姿」を、見る勇気がなかったのかもしれません。自戒の念を込めていまここに告白します。

そう考えると、「大工調べ」で、こそっと大家さんのことを打ち明けてくれた棟梁の内緒話をそのまんま大家さんの前でご丁寧にも披露しちゃったり、「かぼちゃ屋」では「言いなりになれよ」という親類のおじさんのアドバイスを真に受けて、本気で殴られようとしてしまう与太郎は、落語の中の「鏡」なのかもしれません。

打算やら駆け引きが全くないので、かなりクリアーな鏡とも言えます。透き通るほどのピカピカの鏡だから、接してくる人間のそのままの姿を投影してしまうのでしょう。「大工調べ」ではそこの棟梁の「残像」を見てしまった大家さんが差し金だと怒りを爆発させ、「かぼちゃ屋」では言われた通りに「掛け値をすること」を意味する「上を見ろ」を、根っからのピュアさゆえそのまんまただ上を見ているだけに終始してしまうのです。

だからこそ逆に、こんなドジやら失敗を繰り返しても、周囲からは決していじめられることもなく、むしろ「なんとかしてあげたいムード」を醸し出してしまうのです。彼の人徳でしょう。一点の曇りもない鏡こそ与太郎なのかもしれません。

いまふと思いました。落語を聴いて、与太郎の愚かさを笑っているのではなく、与太郎という鏡に映った自分の姿を、日本人は長年に渡って笑い続けてきたのかもしれません。「めんどうくさい人」を鏡だと思ってみる。そこにはきっと「めんどうくさいあなた」が映っているでしょう。

落語の基本は「オウム返し」

落語は、基本「オウム返し」です。

大家さんや親類のおじさんなどの年長者が、与太郎や八五郎などの若輩者に、教育的指導のような「仕込み」をして、それをうろ覚えで別な場所で披露してめちゃくちゃになって笑いを取るというあのおなじみのパターンです。

この、「仕込み」の部分が、いわば「だれ場」と言われがちな箇所です。ここで上手い語り口でないと冗漫《じょうまん》になる印象を与えてしまい、お客様の気持ちが逸《そ》れてしまうケースがあります。

ここが落語家の腕の見せ所でもあります。だからこそストーリーで聞かせることのできないいわゆるこのような前座噺は実は難しいのです。

もっとも「難しいからこそ前座さんにとっての勉強になるのだ」と、私も前座時代に楽屋で先輩方からよく言われました。与太郎が出てくる噺で「金明竹《きんめいちく》」というのがあります。与太郎が言われたことをそのまんま違う形でやってしまう「オウム返し」の典型のネタです。

与太郎が店番をしていた時に、見ず知らずの人に傘を提供してしまいます。おじさんに無闇にそうするもんじゃないとたしなめられ、「傘を貸してくれ」と言われたら、「家にも貸し傘が何本かありましたが、こないだからの長雨で紙はボロボロになり今傘屋に直しにやっております」と答えるんだと言われます。

次に、鼠《ねずみ》を捕るための猫を借りにきた近所の人に、「家にも貸し猫が何匹かありましたが、こないだからの長雨で皮はボロボロになり今猫屋に直しにやっていますす」と答え、近所の人を怒らせてしまいます。

おじさんは呆れ返って、「それは傘の断り方だ。猫を断るとしたら、近頃うちのは、サカリがつきまして表にばかり出て歩きます。どこかでエビの腐ったのでも食べたのでしょうか、ただいまお腹をこわしておりまして、二階でもってマタタビをなめさせて寝かしております。あんなものなんのお役にも立ちませんからと、言うんだ」とさらにアドバイスをします。

納得した与太郎の元へ、今度は品物の鑑定の依頼で、おじさん本人を訪ねて「旦那はご在宅ですか?」と別の依頼主がやってきます。そこで与太郎がすかさず、「近頃うちのはサカリがつきまして、表にばかり出て歩きます。どこかでエビの腐ったのでも食べたのでしょうか、ただいまお腹をこわしておりまして、二階でもってマタタビをなめさせて寝かしております。あんなものなんのお役にも立ちませんから」と言ってのけます。

笑いのボルテージは、ここで一気に高まります。特に落語初心者の方が多い席ではウケが多くなるこの噺ですが、なぜでしょうか。落語の魅力そのものにかかわってくることですが、このような「オウム返し」系の落語を聞くと、落語の本来持つ安心感に客席がつつまれているような気になります。

私も学生時代に観客として訪れた落語会でそう感じました。次に来る展開があらかじめ想定できるという、「来るぞ来るぞ感」が増幅されてゆくあの感覚です。

名作映画「男はつらいよ」で、あの団子屋の中で寅さんの悪口を言い合って笑いが最高潮に達した頃、「来るぞ来るぞ」と思っているとひょっこり寅さんが帰ってきます。これも一つの「パターンが繰り返される」という意味では「オウム返し」であります。日本人は島国ゆえか、「あっと驚く想定外のサプライズ」よりも、こういう想定内の範囲で物事を想像し合うというマンネリ感覚が好きな国民性なのかもしれませんね。

「おなじみのお笑い」とあらかじめ前座が前口上で述べてから入る落語のそのスタ

イルが許されるのは、落語家とお客様との間の共通認識であり、かつ長年双方で培ってきた信頼関係のためでもありましょう。

さて、ここで「オウム返し」について考えてみましょう。この落語の「オウム返し」、実生活では、コミュニケーションにおいて、かなりの効能があると言われています。「共感」を招くには一番効果のある作法とも指摘されています。人間は「共感」を持つ人間には親しみを覚える動物です。

人との距離の取り方で、とりあえず「共感」を抱いておくというのは肝心です。

落語は無論、笑いが前提であり、「オウム返しの失敗例」としてさまざまな状況が描かれていますが、逆に落語を通じて与太郎の失敗を知っておくと、実生活ではしくじらないように振る舞えそうでもあります。

そう考えるとなんだか、与太郎が代表して失敗してくれているようにも思えます。まるで「防波堤」でもありますな。

実生活では、「相手の言うことを反芻《はんすう》してあげるやり方」は、心理カウンセラーもよくやる手法のようです。いろんな本を当たってみると、「ほんと、課長のあの言い方は頭に来るなあ」「確かにあんな言い方、かちんと来ますよね」など、コツは「完全なるオウム返し」ではなく、「やや言い方を変えた形での同意」がより

「共感」を呼ぶようです。

間違っても相手が「俺はやっぱりダメな男だよな」と言った時に「ほんと、最低ですよね」とは言わないように（笑）。ま、普通の感性の持ち主ならばそんなことは言わないでしょうが。そんな最低限のエチケットさえ身に付けていれば、「めんどうくさい人間関係や状況」は多少は緩和されそうな気もします。

さらに、この「共感」の差配の積み重ねで印象も変わってきます。相手が「めんどうくさい上司」なら、日頃からの「共感ポイント」の積み重ねで、「ああ、こいつは俺のことをわかってくれているなあ」と信頼を寄せてくるようになるはずです。

師匠も基本、同行する前座にまでも同意というか共感を求めてきました。まだ私が前座の頃の話です。その日は健康診断ということで早朝から師匠とかかりつけの病院に向かいました。予約は無論入れていたのですが、どういうわけだか、師匠の健康診断が後回しにされることになりました。

まだ元気のよかった頃の師匠です。かなり長時間待たされていることと、眠気もあったせいか、前の日から機嫌も悪かったのでしょうか、いろんなものが重なって、とうとう怒り出しました。

「約束の時間が過ぎてるじゃねえか⁉　どういうことだ！」

その怒りがナースステーションにまで聞こえたのでしょうか、山岡久乃激似の看護師長さんと思しき方が師匠に近づき、キリッとした声でこう言い放ちました。

「急患《きゅうかん》なんです！　一刻を争っているんです！　お静かに願います！」

要するにいい歳して怒られた格好でした（正直私は内心ラッキーと思いましたが（笑））。

「やばい、師匠が言い返してケンカになったらどうしよう」。すると師匠は怒り返すどころか、泣きそうな顔になって前座ごときの私に同意を求めてきたのです。

「あんなに怒ることはないよなあ……。」

私はチャンスとばかり「もっと冷静になって、わかりやすくプロとして説明すべきですよね」「なあ？　そうだよなあ」。懐かしい一コマでしたが、その日はずっと師匠は私に優しかったことを覚えています。

やはり、「共感」「同意」は、「めんどうくさい人」との距離を確実に縮めてくれます。「オウム返し」にはそんな不思議な魔力があるとも言えます。

いささか極論めいてますが、落語というのは、心理学などの現代的実践的コミュニケーション論がまだ芽生えないうちから、「オウム返し」のその威力を把握していたようにも見えてきますな。

与太郎は基本、傍観者的立場

前々項で「与太郎は磨き抜かれた鏡だ」との名言（自分で言うなよ）を述べた私ですが、ではなぜ与太郎がこんなポジションを与えられたのかも深く考えてみたいと思います。

まず与太郎には欲がないのです。

「ろくろ首」という落語では積極的に結婚したがる与太郎ではありますので、欲の部分からは多少逸脱はします。ま、それとて「お袋を働かせたり、女房に稼がしたりして自分は働かないで暮らしたい」という「都合のいい欲」であり、その存在の暴露はします。が、基本「非生産的」であることには違いありません。

「アンチ文明」の立場でいた師匠は、「文明＝生産＝悪」で、「文化＝非生産＝善」とも言い切っていました。落語の登場人物は、人情噺などのジャンルは別として、基本非生産的であります。

その最たるものが与太郎です。それを証拠に、積極的にいろんな話題に自らコミットしてゆく姿勢ではありません。いつも「呼ばれたから出かけてゆく」姿勢です。

「遊ばしといてもしょうがねえから、商売を仕込んでやる」という周囲から「ほったらかしにされない」という設定です。そんな「誰かを出しぬいて儲けよう」とか、「一攫千金《いっかくせんきん》を狙おう」というあざとさとは無縁のキャラです。

常に傍観者だからそういう性質になったのか、そういう性質だから傍観者になったのか、おそらく両方かとは思いますが、結果ますます世間ずれした欲がなくなり、その鏡はますます磨かれてゆくのでしょう。まるで修行僧のような風情ですな。

さあ、ここです。これは、「めんどうくさい人」と向き合う時、一番効果を発するのではと思うのです。与太郎はもともとバカですから、本来のバカ正直です。愚直という言葉がとても似合います。ボクシングで言うと「打たれ強いボクサー」といった感じですな。

友人の元ボクサーの西澤ヨシノリ氏に聞いたら「本来は打たれ強いボクサーは、疲労が蓄積するタイプだから良くはないのだが」と言っていましたが、「タフネスなヤツこそ最後まで残る」とのことでした。なんだかそれは自分のことを言われているかのようでした。

私は自分で言うのも照れますが、鋭敏なタイプとは真逆の「鈍感」タイプです。ゆえに「鋭敏型のカリスマ」である、師匠談志には当座はとことん蹴られるような日々でした。とにかく腫物《はれもの》に触るような雰囲気で接しないといけない敏感な師匠でした。

おまけに前情報として「慶應大学卒」というのは伝わっています。「慶應出ていても何もできないヤツ」とレッテルを貼られ、今考えるとそれを逆利用しているとしか思えないように、事務所からはそんなマイナスな紹介をそのまんまプロフィールとして掲載されたことすらありました。

悪意以外の何物でもありません。なんども挫《くじ》けて、いじけて、泣く日々がありました。バカにされる屈辱感もさることながら、実際師匠の前で何もできない情けなさからであります。そんな日々が続きました。

前座の初期の頃です。師匠がとあるパーティに出席することになり、そのお供で着いてゆくことになりました。そこにはMさんという方がいました。Mさんはうちの一門に入門したのですが、その後辞めて今は社会人として別の道を歩んでいるという人でした。

Mさんが師匠に近づき挨拶をするとニッコリ笑って、「おう、元気にやっているか?」と問いかけました。かつては師弟関係にあった二人でしたが、わだかまりは完全に消えていて、師匠は穏やかにその後の身の振り方を案じ、元弟子Mさんも緊張した面持ちながらもニッコリと近況報告をしていました。あの時、こういう間柄ってなんだかいいなあと傍目《はため》に思ったものでした。

師匠はその後一人になって業界関係者と親しげに話に夢中になります。こういうパーティ会場では「上手に振る舞え」といつも前座は言われます。「俺の目を盗む形で、立食なんだから食べてもいい」という意味です。そこでの身のこなしも実際落語家として役立つことだったんだなあと今さらながら思います。

私は師匠に怒られ続ける日々の中、それこそ上手に動きながらMさんに質問しました。

「ずっと怒鳴られ続けていますよ」

「師匠って怒るもんだよ。それは当たり前だよ。俺は、師匠が好きすぎて師匠の前だと動きが硬くなってしまってそれでよくしくじっていたよ」

これ、ほんと弟子入りしたばっかりの頃よくしがちなことなんです。ま、師匠にしてみれば「そんなのはタダの言い訳だ」ということなんでしょうが。

「僕もダメかもしれません」。元兄弟子の優しさに甘えたくなりました。「いや、師匠は見ているよ」。Mさんはきっぱり言いました。

「踊りやれ、歌やれ、この落語やれ、この本読めと、普段から言ってるでしょ？　それ、とにかく絶対やることだよ。絶対師匠は見ているよ。俺はそれを全うできなかった」

その言葉には悔しさが漂っていました。

「師匠は見ている」

当たり前の言葉でしたが、当時、師匠の元を去らざるを得なかった先輩からの直の言葉でしたから、物凄い説得力がありました。「もうだめかな。こんなに長いことやっていても師匠に認められないんだから、そもそも向いてなかったのかもな」と思ったことは一度や二度どころじゃありません。その度に、Mさんからの言葉を思い返すようにしました。

今思えば、私は徹底して「鈍」を貫いた格好でした。「大家さん」という「小言のカリスマ」に対する与太郎の「鈍」は、イコール立川談志に対する前座立川ワコールに相当しました。

この辺のくだりは一冊目『大事なことはすべて立川談志に教わった』に書いた通

りです。

そして、こんなバカ正直な鈍重さで、前著にも書いた通り「踊り三曲覚えろ」と言われたら倍の六曲、「歌十曲覚えろ」と言われたら倍の二十曲、「お前はだめだ」と却下されながらも向かっていったら、なんと私への見方を突如、変えてくれたのであります。

それぞれのキャラにもよりますが、**鋭敏型カリスマたる「めんどうくさい人」には「鈍」に限ります。**実体験として確信します。

向こうに突っ込ませてあげよう

亡くなった祖母の話をふと思い出しました。

九十六歳まで生きた母方の祖母でしたが、私の大学時代、上田から上京してきた時、上野駅のきっぷの自動販売機に列ができているのを見て、

「あんなところにパチンコなんか置いたら列ができるに決まってるよ。迷惑だねえ」

とのたまったり、私が落語家になってやっと食べられるようになったころでしょうか、それを聞きつけて、

「お前、落語なんかやっていて、いつ仕事をしてるんだい？」

と真顔で問うたかと思えば、「宇宙開発のニュース」を観ていて、

「月なんかに人間が行けば、バチが当たる」

という師匠が喜びそうな文明批判的名言を吐いたりもしていました。やはり「落語家の祖母」なのかもしれません。

その血を引いたお袋は八十歳を超えても口先は衰《おとろ》えることなく相変わらず元気そのもの。入門の面接の時、こともあろうに「師匠、一緒に写真を撮りましょう」と言い出し、師匠も思わず笑って「お袋さんがこれなら息子は落語家になるわなあ」と言いましたっけ。

さてそんな祖母の数々の迷言や名言の中でも、いまだに響いているのが**「人にはバカにされていろ」**です。この言葉を聞いたのが、今から三十年ぐらい前の学生時代のことでしょうか。

出所は祖母曰《いわ》く、「西郷さんだよ」というのですが、祖母も西郷さんもすでにこの世にはいないので確かめようもありません。

ある日、祖母を囲んでお袋が昼ごはんを作ったことがありました。確かお袋がコロッケかなんかを作ったのはいいのですが、醤油もソースも切らしていて、私も若かったせいか、「ったく。どう食べるんだよ！」と不貞腐《ふてくさ》れました。

お袋は「たまにはこんなのもありだよ」と意に介しません。やはり典型的なB型です。

「食えねえよ」と、私が言った時、祖母が口を開きました。

「幸二（私の本名です）、西郷さんはね、食べ物について一言も言わなかったんだよ（祖母はいつも西郷さんを見てきたように評しました）。ある日西郷さんの弟がお母さんに『お母さん、今日の味噌汁、具がなかったけど』って言ったら、お母さんが『あら、そう。入れ忘れていた。さっき食べ終えた兄さんは何も言わなかったもんだから』だってさ」

いかにも西郷さんのキャラを表すいいエピソードではありますが、そんな隠れ西郷さんフリークだった祖母は、あくまでも西郷さんのセリフとして「人にはバカにされていろ」と言っていました。この言葉、うちの祖母だけしか言わないのだろうなあと思っていたら、それから何年かしたある日、善光寺かどこかの観光地の土産物屋の店先で、図らずもそれを発見しました。

「親父の小言」と題された湯呑みに、その言葉がくっきりと記されていたのです。

「ああ、案外人口に膾炙《かいしゃ》してるんだなあ」ぐらいにしか、その時は感じませんでした。

が、私も五十歳を超えた今、西郷さん経由という祖母のこの言葉がズシンと響いてきているのです。「五十歳を超えなきゃ、世の中見えてこない」と談志は常々言っていましたが、やっと私も目覚めてきたのでしょうか。

正直、若い頃はこの言葉に刃向かうように意地を張って生活していました。いや、今もそうかもしれません。「人には絶対バカにされないように生きてやる」。そう言い続けてここまで来たつもりです。落語家は、人一倍プライドが高くないとできない商売です（無論すべての職業がそうでなければなりません）。

でも、バカにされずに生きることは自らの指針にはなりますが、いざ「バカにするヤツ」が目の前に出てくると、それを許さないスイッチがつい入りがちです。要するに「なめられたらオシマイ」となりがちでもあります。これは気概としては必要かもしれませんが、自分を見くびる人間を一切否定するという、ぶつかりやすくなる危険性も高めます。

そこなんです。「人にはバカにされていろ」は、「人生の歩き方」ではなく、むしろ「かわし方」を指南する提言ではなかったかと思うのです。

そういう具合に考えると一気にこの言葉が深みを増します。「バカは避雷針」なのかもしれません。「こいつはバカだな」と思われているうちは、それ以上相手側は攻撃を仕掛けてきません。

「バカにされると実感すること」は自分のプライドがあるので痛みを感じますが、これは「肉を斬らせて骨を断つ」が如くの、高度な処世術なのではと思えるのです。「避雷針のようにあえてバカを突き出しておけば、それ以上怪我をすることはないよ」というまさに「おばあちゃんの知恵」みたいです。

みんながこぞって「ツッコミ側」に回ろうとする現代においては、この言葉は、いぶし銀のように輝いてくるような感じにすらなります。それを踏まえると、やはり周囲からバカだと言われている与太郎は、実は「向こうに突っ込ませてあげている」ような存在に見えてくるから不思議です。

この立ち位置は、この後第五章で述べる「下手すりゃ実害のありそうな本当にめんどうくさい人」との距離の取り方にもつながってくるような気がします。

つかこうへいさんはどこかの小説の中で、「人間、人にバカにされているうちは、死なないよ」とこれまた意味深《いみしん》なセリフを登場人物に言わせていました。

「バカにされている」という時期は、もしかしたら人間の成長期特有の現象なのかもしれません。「バカにされなくなってから人間は老境に入る」と考えると合点がゆきます。

「ツッコミはバカ」ならば、「バカになるための知性」こそこういう具合に発揮してゆきたいものです。

落語好きのただの買いかぶりなのかもしれませんが、もしかしたら与太郎が、そんなポジションを無意識のうちにゲットしていたのだとしたら、これは二十一世紀における知性になりうるものだと、確信します。

「バカにされていろ」は、「シャレをわかれ」とも通底しています。度量や器量を問われる言葉でもあります。

そういえば、あるパーティで、「日本の政治家が優秀だったら、日本はとっくに戦争に巻き込まれていた」と発言した人がいて会場は大爆笑でした。「漢字が読めない政治家」や「不倫に明け暮れる国会議員」がワイドショーを賑《にぎ》わせましたが、もしかしたらそれは非常に考え抜かれた深謀遠慮なのかもしれませんなあ。

あ、もちろんこれは痛烈な皮肉なのですが。与太郎に失礼でした。

スキを作るための作法

実生活で与太郎を目指せと言っているわけではありません。あくまでも彼は落語の上の登場人物です。「人間の愚かしさ」を具現化した落語の中のある種「ゆるキャラ」です。

「与太郎のようにバカになれ」というのは、実際そのまんま額面通りに受け止めると、失う物も大きいはずですし、また語弊もありそうですので、この際もっと「スキ」をこさえるような生き方を選ぼうぐらいに考えてみましょう。

三冊目の著書『いつも同じお題なのに、なぜ落語家の話は面白いのか』（大和書房）にも書きましたが、人間が生まれてから死ぬまで、現代は基本的に受ける教育のほとんどの目的が、「スキをなくすように」ということではないでしょうか。相手に付け入るスキを与えないように振る舞うテクニックを身に付けることが教育の主たる目的とも言えます。

元々日本は島国です。談志は「四方を海で囲まれて、地続きの隣国からの侵略がない国の政治家は、外交の危機感が元々なかったんだ。経済に専念するだけでよかったんだ」と常々言っていました（ま、今やその経済自体も危機的状況ですが）。

幕末、「泰平の眠りを覚ます上喜撰《じようきせん》たった四杯で夜も眠れず」と歌われたのが、黒船により外交を迫ったアメリカでした。これはいわば侵略の危機です。これ以前の侵略の危機はというと鎌倉時代の「文永・弘安の役」でしょうか。

つまり六百年近くの間、外交的には、他国からの侵略を受けることのない歴史が蓄積されていたのです（無論、国内的には戦国時代などがあり、決して平和とは呼べない時代もありましたが）。

徳川家康が江戸に幕府を開いたのが一六〇三年。以後十五代続く三百年弱にもわたる長期政権の下、鎖国というバリアに守られる格好で対外的な平和を享受することになりました。

そんな閉ざされた江戸という温室の中で花開いたのが江戸文化、そして江戸文化を象徴する落語です。

鎖国というのは「外との付き合いがないんだから、ウチらだけのユニット内で商売しようぜ」といういわば「経済ブロック」です。余剰生産物は国外のマーケットなんて最初から存在しないので、全部国内消費、もっといえば今はやりの「地産地消」です。

ですから、今みたいに「作ったものは中国人に爆買いしてもらおう」という発想がないので、「余計なものは作らなくてもいい」、つまりは「働かなくてもいい」ということになります。実際、江戸時代の職人の労働時間は、今の半分以下の時間だったとも言われています。

無論、電気なんかありませんから夜は寝るだけです（だから子沢山だったという説もあります）。つまりハッキリ言って「ヒマだった」のです。ヒマだからこそゆとりもあり、スキだらけののんきな長屋の姿が活写された古典落語のベースも出来上がったのです。

さらに、江戸時代の人口の男女比を調べてみると、概ね「7：3」とのことです。新興都市である江戸の都市空間のインフラ整備のために田舎の農民の次男三男がこぞって江戸を目指した結果、このようないびつな男女比になります。ほうっておけば暴動になりかねない状況なのですが、このガス抜きとして「吉原」が天下御免の遊び場として認められます。

性に対して異様なほどオープンな土壌はこうして醸成されてゆき、さらに吉原は文化の受発信基地としての役割も担います。この世の春のような町人主体の江戸文化の百花繚乱《りょうらん》は、「ユルサのもたらすスキ」があればこそでした。「すきま風」の吹くような狭い長屋はむしろ高温多湿の気候には合致していました。全国各地の幕府直轄地である天領から送られてくる豊富な米で幕藩体制はしばらくは盤石だったゆえ、江戸町人は年貢などに苦しむこともありませんでした。ほんと四方八方スキだらけの落語の成立した時代背景には、こんなバックボーンがあったのです。

ところがこれが経済の破たんと時期をほぼ同じくする格好でひずみが生じます。その象徴的なキッカケが最前言ったペリーによる黒船外交です。そこから一気に明治維新へという流れになります。

明治維新は一言でいうならば「背伸び」です。列強に「追いつけ追い越せ」、つまり「スキを見せては付け込まれる！」という強迫観念の元、「和魂洋才」という微妙な折衷案を携《たずさ》えながら、生活様式を一切変えます。

江戸が東京になりました。跋扈《ばっこ》するのは背伸びして和装から洋装に変わった薩長土肥のお役人連中です。「江戸の風」が「明治の風」に変わってしまったターニングポイントが明治維新なのです。

話はかなり遡《さかのぼ》りましたが、「明治維新」以来、日本人は「スキをなくすような生き方」を強いられているように思います。そして富国強兵の元、日清日露という二つの戦争に勝利を収めます。

ここでやはり「スキをなくして背伸びすればいいことだらけだ」と勘違いしてしまったせいか、あの忌まわしい第二次世界大戦へと突入してゆくことになったとも言えます。そしてその後の戦後復興。これまたさらに過去の失敗を経済だけに特化した形でのリカバリーショットを決めます。

以上、ざっとした形で明治維新から現代まで駆け抜けてみました。仮説ですが「背伸びしてスキをなくすことこそ成長」と盲信して張り切る図式が成立したのは、バブル崩壊まではないでしょうか。

バブル崩壊以降は、調子を摑《つか》み損ねているのが日本経済だとしたら、もうそろそろいい加減、「背伸び思考」を変える時期に差し掛かっているのではないかと思うのです。

まして、実際人口減少の世の中にすでに移行しています。「来るべき人口減少社会には移民で対応すればよい」と安直に処理するのではなく、すでに我々のご先祖様が歴史として体験してきた江戸時代に学ぶべきなのだと、私は確信します。

「スキ」はおおらかさから生まれます。与太郎はバカにされてもおおらかです。与太郎の直接の言動ではなく、そこをマネしてみましょうよ。

師匠はよく「モノマネは言動ではない。了見を真似ることだ」とも言っていました。与太郎さんはなんでも一旦、受け入れてしまいます。だからおおらかでまた好かれもします。

おおらかな人は「愚鈍」にも見えるものです。「一旦まずは受け入れてみる」。iPS細胞ならぬこんな「スキ」こそが「めんどうくさい人やモノ」に対応できる万能細胞かもしれません。前著では「スキは魅力を放出する通気口」という名言を私は吐きました（また自慢かよ）。

スキのないように一生懸命勉強もしますし、女性ならダイエット、男性なら肉体改造に励んだりもしますが、完成されたパズルを常に持ち歩く思考ではなく、「最後のピースは相手に突っ込ませてあげる」＝「キラーパス」を与える、つまりは花を持たせるぐらいの了見でいた方がいいのかもしれません。

つまり、「スキを作る」というスキルを獲得するというよりも、むしろここは、端的に言って**「相手を信じる、大切にする」というエチケットを守る**ということだとも言えます。

第四章

落語から学ぶ「めんどうくさい人」への対応力

――一八《いっぱち》編

「ネチネチ型」には幇間《たいこ》持ちの一八対応を

前章では、大家さんや親類のおじさんのような「ガミガミ型」にはボケとしての与太郎型対応はどうかと提案してみました。いわゆる「ボスキャラ」タイプには、その足りないところを穴埋めするかのような「万能細胞」的パーツとして与太郎さんの存在が空気のようにハマりそうな予感がします。

さて、この章では「ガミガミ型」とは対極をなす「ネチネチ型めんどうくさい人」への対応として「幇間持ちの一八型対応」を取り上げてみます。

無論、「めんどうくさい人」は本当にめんどうくさいので（笑）、時にはガミガミ、時にはネチネチと変幻自在です。それゆえその都度こちらもそのめんどうくさい豹変《ひょうへん》ぶりに対応しなければなりません。

前章の与太郎、そしてこの章での一八をあくまでも参考にして、**「めんどうくさい人」に左右されないように、むしろ自分が相手を左右してやる**ように振る舞うべきなのです。

さて、ここで幇間持ちについて述べてみます。わかりやすく今風に言えば、「フリーの芸人」といったところでしょうか。

踊りや歌などの確固たる芸があるわけでもないのに、金づるを探して歩き回っているという幇間は幇間でも「野だいこ」というランクが下の芸人です。そして、落語の場合、この一八とペアになるようにセッティングされているのが若旦那なる人物です。

「ガミガミ型」の大家さんや親類のおじさんに対して与太郎がいるように、「ネチネチ型」の若旦那に対して幇間持ちの一八がいるというのはなんと好対照なことでしょうか。ほんと落語はこの絶妙なる人物配置から言っても人間工学的にも優れた文化遺産ではないかと思われます。

この若旦那、またまた落語の中では、概《おおむ》ね父親である大旦那をしくじって勘当《かんどう》となっているケースが多く見受けられます。「金持ちの道楽息子」の哀れなる末路でありますが、要するに若旦那と一八の間柄とは、やや強引ですが、「スポンサーと広告代理店」との関係に似ています。

決して広告代理店さんが芸もないのに金持ちにたかっていると揶揄《やゆ》しているわけではありません。「何も持たずしてお金を出す人を気持ちよくさせ続けようとしている」という涙ぐましい努力は同じだというような意味でご理解ください。

無から有を生じさせようと、一八がそのターゲットたる若旦那を気持ちよくさせようとする構図は「上司に取り入る部下」にも通じます。若旦那もやはり一八にゴマをすられたりすると気持ちいいせいか、からかいながらも、上手い具合にあしらいます。

「山号寺号《さんごうじごう》」という落語があります。これは、「金龍山浅草寺《きんりゅうざんせんそうじ》」「身延山久遠寺《みのぶさんくおんじ》」「定額山善光寺《じょうがくさんぜんこうじ》」などなどお寺には「〇〇山」と必ず山号が付くのを一八がついつい「どこにでも山号寺号はある！」と言い切ります。それを若旦那が揚げ足を取るかのように、「じゃあ、お前ここ上野広小路の山号寺号を探してみろ」と「無茶ぶり」をします。いつもこうして若旦那が一八に「無茶ぶり」をするところが幇間噺の面白いところです。

さて、「上野広小路での山号寺号は？」と問われた一八、苦しまぎれに、客待ちをしている車屋を見つけ「車屋さん広小路」とやって難を逃れます。若旦那はお見事と祝儀を与えます。

さあ、ここから形勢逆転、時計屋を指さして「時計屋さん今何時」、肉屋を指さして「肉屋さんソーセージ」、按摩《あんま》さんを指さして「按摩さんマッサージ」などなど、商店街の「お店屋さんシリーズ」でポイントを稼ぎます。

すると若旦那、「肉屋さんなどの『さん』はダメだ！」というさらなる無茶ぶりを課します。そこで腕を上げた一八、「カリフォルニア産オレンジ」など秀逸な答えを繰り出します。

一気に逆襲に成功した格好の一八に対し、ここで若旦那は、「今与えたご祝儀を一瞬貸せ」と意味深なことを言い、不審に思う一八からそれを預かり懐に収めると、いきなり駆け出して、「さらば一八！　一目散随徳寺！」と去ってゆきます。

がっかりした一八が「南無三、仕損じ」とオチを言います（私はわかりやすく「ああ悲惨、ドジ！」とやっています）。全編大喜利のようなネタのオンパレードで、時事ネタなども放り込みやすいので時間のない時によくかけられる噺《はなし》です。

が、これ、よく考えてみるとネチネチと次から次へと無茶ぶりを仕掛けてくる若旦那は、そうすることで、本来「野だいこ」レベルの一八の芸人としての当意即妙性を鍛えてやっていると見えないこともありません。

まるでここでも「師匠の無茶ぶりをクリアーすることで芸人としての幅を広げることのできた私」ともかぶります。また、「立場の上の人に逆らえない」という意味では一八にはサラリーマンの悲哀的な匂い、ペーソスみたいな感じもしますよね。「幇間腹《たいこばら》」という落語では、若旦那はこともあろうに鍼《はり》に凝ってしまいます。「羽織買ってやるから、実際に鍼を打たせろ」と、ほぼいじめみたいな無茶ぶりすら甘んじて受けることになります。

ここでもお客さんはこの人間の力関係の差から発生するバカげた噺に笑うというのですから、人間は残酷な生き物なのかもしれません。

落語の「笑い」は「共感の発露」とも言い換えられます。その共感は季節感だったり、酒の上でのしくじりだったり、与太郎のドジだったりですが、「山号寺号」やら「幇間腹」で笑うのは、そこまでひどくはないにしてもお客さん自身がそれに近いような「追体験」が前提となっているからではないでしょうか。

自営業の方が「ああ、でも得意先には言いなりになるよ」とか、サラリーマンの方が「ああ、体育会系のうちの会社なんかその通りだよ」とか。

そして、そこが落語の優しさでも救いでもあるのですが、最前述べたように若旦那の無茶ぶりが実は結果として一八の芸の質的水準を向上させてもいますし、なんやかんや言っても若旦那には一八を完全に見捨てるような言動もありませんし、また一八側からも完全に若旦那に拒絶宣言を出していないところを見ると、「落語の中の名コンビ」であるとも断言できます。

この「寸止め感」が人間らしくっていいですよね。「トムとジェリー」の「仲良くケンカしな」の世界でしょうか。若旦那というネチネチ型のめんどうくさい人は案外孤独なのかもしれません。人間はカネのある人間には、カネのある時だけは優しくするものですから。

向こうがネチネチしてきたら一八を思い出しましょう。

一八から学ぶ「ツッコミ型」（攻撃的）スキル

いやはや、世の中総ツッコミ時代ですな。マキタスポーツ（槙田雄司）さんは『一億総ツッコミ時代』（星海社新書）という名著を出しましたが、何ゆえかくもみんながこぞってツッコミ側に回りたがるのでしょうか。

芸人の立場で言うと、「ボケ」には危険性が伴うからではないかと思います。笑いの構図で言うならば「ボケ」は笑いの起爆装置で、「ツッコミ」がその増幅装置という役割です。

フリのあとのオチがボケに相当しますが、この起爆装置が上手く作動しないと続いての「ツッコミ」（増幅装置）は機能しません。フリが「序」ならば、ボケは「破」、ツッコミが「急」という三段階こそが笑いの大まかな構成です。

「一期一会《いちごいちえ》って、いい言葉だよな」

「ああ、昔、ホームドラマに出ていた女優さんでしょ？」

「それは市毛良枝だよ！」

というネタを考えてみましょう。

この中で一番高度な知性が要求されるのはボケである「破」の部分です。序のフリで、「一期一会」という四字熟語を挙げて、まず「常識」を訴えます。この部分はボケられません。いわば導火線です。「みんなが納得すること」を言わないと次のボケという起爆装置へ点火されませんから。

さ、ここで、渡されたバトンをボケは瞬時に誤解します。「一期一会」と音が似ていて、人口に膾炙《かいしゃ》している別の語句（この場合は「市毛良枝」）をまず浮かび上がらせます。

そしてここで更なる知性を発揮させなければならないのです。つまり、「音が似ている市毛良枝を瞬時に想起させる付帯状況文」（この場合は「昔ホームドラマに出ていた女優」という紹介文）を、スパッと述べるのです。これが「ボケ」です。そしてそこで起爆した状況をさらに増幅しようと、初めてここで「市毛良枝」というツッコミが生きるのです。

ネタを分析してお判りいただけたかと思いますが、**フリは「常識」**、**ボケが「知性」**、**そしてツッコミが「正論」**と、いささか乱暴ですが、区別できるかと思います。

つまり、前章で指摘した通り、やはり「ボケは知性」なのです。さじ加減を誤れば、ともすると知性のなさが露呈してしまう「ボケ」の立場より、「正論」を述べる立場の「ツッコミ側」にいた方が、安全と言えなくもありません。

この顕著な例がSNSなどのネットの世界です。匿名《とくめい》性の上に胡坐《あぐら》をかいての発言ならば、まずその身は擁護《ようご》され担保されます。「炎上」というのは、「正論」という名の下に、「安心して火を付けられそうなターゲット」を選んで行われる集団チェックとも言えます。

みんなが「安全地帯」を求めた結果「ツッコミ」に回るというのでしょう。たかが芸人やら芸能人ごときの発言に目くじらを立てるというのもそこです。

彼らは常に面白いことを言って注目されるべき人種です（無論私も含めた落語家もですが）。「社会的にボケの役割を負う人間たち」です。そういう人たちに「マジレスする」というのも「ツッコミ」の最たるものです。

前章の後半で「スキを作るための作法」を取り上げましたが、ネット社会でたまに私もマジレスされてしまうと、「あらら、ずいぶん窮屈な世の中だなあ」と思うのは、「スキがない社会」になってしまっているせいなのかもしれません。

談志は「正論」を嫌っていました。いや、嫌っていたというより正面切って言うその姿勢に照れていました。

　つまり正義や正論という「ツッコミ」は無意識のうちに人を追い込んでしまっているものなんだよ、「正論はやさしくこっそり言え」ということなのでしょう。

　さてここでは与太郎の「守備型ボケ」に対する好対照な存在としての一八の「攻撃的ツッコミ」としましたが、一八は、若旦那という金持ち二代目ボンボンの財布のヒモを緩《ゆる》ませるキャラクターゆえ、確かに若旦那に「ツッコミ」を入れますが、必死になって、相手に敵意を抱かせないよう細心の注意を払っての「攻撃的ツッコミ」をします。

　ここでいう「攻撃的ツッコミ」はというと、ズバリ「同意」です。まず一八は若旦那に逆らいません。若旦那という獲物を発見すると、扇子をパチパチさせながらようようと言いながら、近づいてきます。

「寒いな、一八」

「ようよう、モテ男、若旦那！　いやあ、寒いですよ、ほんと風邪引きそう」

「でも、お天道《てんとう》さんが出てきて暖かくなってきたな」

「出てきましたね。お天道さん。もう暑いくらいで」

「風が強いな」

「風は強いです。吹き飛ばされそう」

「腹減ったな」

一八の目が光ります。

「腹減りました。ペコペコです」

「俺はそういえば、さっき蕎麦食ったんだ。じゃあな」

一八が歯を食いしばって、「じゃあな」。与太郎が言った経済の根本原理「売る奴が利口で買う奴がバカ」にあてはめると、おカネを出してくれる立場の若旦那＝一八との時間を「買う側」＝バカ、お金を出させようとする一八＝時間を「売る側」＝利口という主従逆転がここで起きています。

獲物を攻撃する立場の一八ではありますが、主導権はやはりカネを出す側の若旦那にありますので、この場合の攻撃はとことんソフトになります。「正論はこっそり言え」の談志の姿勢ともかぶりそうな気がします。

ここで改めて考えてみましょう。ここでの一八の「同意」は、必ず先方の発した言葉に、自分なりの価値を付加しています。ここに着目します。ここが他者の発言をそのまんま繰り出す与太郎との違いがあります（この場合は「性格」の違いであります）。

与太郎の「鈍」に対する一八の「敏」と色分けできるかもしれません。人間、そのまんま同意されるのより、幾分付加価値のある同意にこそ納得するものでありま す。

特にネチネチ型は被害妄想も強いはずです。心を込めた同意に対しても「ああ、こいつはその辺の本に書いてある『同意すれば人は喜びます』というのを真似してるだけだなあ」などと思ってしまうものです。

「風邪引いたんだよね」とネチネチ型部長が言ったとしたら、ただ「ああ、風邪引いたんですか」というそのまんま返すような同意をするより、

「あら、そういえば、熱っぽいですね」

「ここのところだいぶお疲れのご様子でしたからね」

「部長は頑張り過ぎちゃうタイプですもんね。今流行っていますからねえ」

などと、同意しながらも、幾分「相手の言うことに対して自分の考えを付加する形」で応対した方が、「あ、こいつは俺のことよく考えてくれているな」と思ってくれるものです。

正直な話、言い方を、その角度を変えただけなのにそんな印象を持つものです。そうですよね。カンの鋭い方ならお解りですよね。この**「同意プラス付加価値」こそが**

「ゴマをする」ということなのです。ただの同意では「ゴマ」だけなのです。そこに「擦る」という行為＝「付加される価値」で、「ゴマをする」という行為は完成するのです。

その付加価値にこそ個性が表れます。「真打昇進の順番は俺にゴマをすった順番だ」と談志は言い切りましたが、ここにもつながります。実はその通りです。談志の設定した基準に同意するだけではなく付加価値（私の場合は「雪駄タップ」でした）というオリジナルを加味した結果が功を奏しただけであります。

無論大した差などではありません。「ツッコミ」より「擦る」ほうがみんなを気持ちよくさせるものなのです。

「機先」を制するメリット

「欲望に対する行動がスローモーな奴を上品と呼ぶ」

　これまた師匠の名言です。会話も行動も常にショートカットを望んでいた師匠でした。これぞまさに天才の生き方です。

「不合理・矛盾に対する忍耐こそが修業だ」と定義した人でしたが、私生活では徹底して合理主義を貫いた人でした。いや、合理主義を知り尽くした人だからこそ、前座への立ち居振る舞いはあえて真逆の不合理であることを全うしたのでしょう。

　その芸風から非常識でアナーキーな印象を持たれがちでしたが、その実ものすごい常識的な人でした。そんな人でしたから、まずその呼吸というか、私生活の間合いを把握するまで「めんどうくさい」と思う状況が続くのです。

　師匠の「素早く・手早く」に慣れてくると、今度は、「そのリズムより少しでも早く処理した方が師匠も快適だろう」ということでも浅知恵を働かせてしまい、何度もしくじったものでした。曰《いわ》く、「なんで俺がお前の行動に合わせなきゃいけないんだ」と、至極当然の怒りではありません。

師匠とて、サイボーグではありません。ましてその日その日で体調も違います。微妙な空気を読んだ上でその瞬間の最適の「間」で動くからこそ、前座さんにとっての修業となり、それがひいては落語をやる際の「間」にも活きるのです。「不合理な修業」は実は合理的だったなあと気づくのはだいぶ後になってからでした。

さて、冒頭で述べた「欲望に対する行動がスローモーな奴を上品と呼ぶ」ですが、最たる事例がお金持ちですな。

根っからの上流階級の方々、何人か知り合いでいますが、私がその方々を評して「上品ですなあ」と言う度に、「上品じゃねえんだよ。欲望に対して行動がスローモーなだけなんだよ」と天から師匠の声が聞こえてきて、その場で笑いたくなる時があります。

親代々の政治家という方々はまさにその範疇《はんちゅう》に当てはまります。ここでつくづく思うのが、「パワーと品とは反比例するものなんだなあ」ということです。

やや極論ですが、「品のある政治家」はおしなべてパワーがありません。逆に、「パワーのある政治家」は品がないとも言えます。前者は親代々の政治家であり、後者の代表格が田中角栄と言えばイメージしやすいでしょうか。

無論親譲りのパワーのある政治家もいますし、また田中角栄の功績も否定は決してしません。わかりやすさを重視したまでです。「言葉にも説得力と夢があって、金権にまみれていない、パワーと品がある人なんて、この世にいるのかなあ」といつも思うのですが、います。それは誰かと言うと、皇太子殿下です。

つくづく思うのですが、皇太子さまが政権を担ってくだされば、「消費税二〇パーセント」もみんな我慢するのではと思います。やはり天皇主権に戻すべきでありますな。

ま、冗談はこのくらいにして（たまにこういうことを書かないと落語家としてバランスが取れないという自覚です。お許しください）、「お金持ち」は概して、「欲望に対してのスローモーさ」から、おっとりしています。「育ちのよさ」とも変換できます。

そういうスポンサー的立場の人（若旦那）には、「機先を制する」ような動きの人（一八に代表される芸人）が、必要ではなかろうかと思うのです。なんというか、「お互いの魅力を発揮し合える間柄」とでもいうのでしょうか。

基本、以前にも書きましたが、若旦那的ポジションにいる層の人々は孤独です。

いつも賑《にぎ》やかな社交界的環境に身を置かれていても、「自分に魅力があるから集まっているのではなく、自分の持っている資産目当てに集まっているのでは」という不安がつきまとっています（実際とある大金持ちの方からそんな話を聞いたことがあります）。

ここで一八を芸人から「表現者」という枠へその範囲を広げてみましょう。一八の言動も一つの作品としてとらえてみると彼も立派な「表現者」とも言えます。その一八の言動で、スポンサーたる若旦那の気分がよくなったとしたら、それは立派な芸術です。

この辺詳しく説明しておかないといまだに「幇間持ち」＝「ただおべっかばかり使って卑屈になっている人間」みたいなイメージがあるからご注意願います。さ、自らが表現したもので人を喜ばす「表現者」と、一八もそのメンバーに入れるとなると、若旦那はただの金持ちではなく、パトロンという意味合いにもなります。

無論当事者同士にはそんな意識はないのでしょうが、そう考えると、「ツッコミはバカだ」という西野亮廣さんの定義から始まって、「ゴマをする」という行為は実は知的行為ではないかという仮説が成り立ちます（それを後ろめたいマイナスな印象にしてしまっているのが、侮蔑《ぶべつ》語としての「幇間持ち」でありますが）。

さて、ここで豊臣秀吉のあのエピソードを思い出してみましょう。「主人の織田信長に仕えている時に、寒い中、その草履《ぞうり》を懐に入れて温めていた」というあれです。

秀吉のこのエピソードを聞かされる度に、「そこまで取り入って何が面白いのか」とずっと感じていました。小さい頃は、ドラマやら映画、小説に接する度、「まだ見えない、実感として湧いてこないプライドというものがとても大事なのだ」という漠然としたものこそ一番だと思っていました。

無論、いまでもそれは痛感していますが、五十歳を過ぎていろんな経験を重ねて振り返りますと、秀吉がその後天下を取った事実を重く考えた場合、「主人の草履を懐に入れる行為」は権力者に取り入る行為というより、それは「覚悟」にしか感じないのです。

つまり、「力のある人に気に入られたから低い身分でも出世した」のではなく、「普通はプライドが邪魔してできないようなことを覚悟を持ってやることによって、振り切るようにして出世した」、つまり「出世せざるを得なかった」のだと思うのです。

覚悟というのは「ここまでやるか」という、プライドが勝手に設定した自主規制

線を断ち切る行為の大本とも言えます。同じ匂いは先に挙げた田中角栄にも感じます。親のコネも地盤も何もない田中角栄は、貧しい生活を送る幼い時から、「人は何をやるにも根回しがないとだめなんだ」と実感します。秀吉にならっていうと「草履を懐に入れる」という「めんどうくさい手順」が何を為すにも必要なんだと幼い頃からの体験で悟ります。

つまり「覚悟」します。秀吉の草履を懐で温める行為も、田中流根回し率先態勢も、どちらも「機先を制する行為」です。落語の場合は一八のしくじりという笑いを最優先するために、ほとんど裏目に出て逸《そ》れる形で終わっていますが、「何も持たない人間」でも、覚悟を持って取り組むことで世界は変わると考えてみると、機先を制するというのは「めんどうくさい人やモノ」に対処する立派な術に思えてきます。

私自身、事務所にも入らず、専属マネージャーもつけず、スポンサーもない形で生きている吹けば飛ぶような芸人です。一八と身分的にはほぼ同じであります。なんとか日々いろいろな仕事上のパートナー各位と「上手に」機先を制するようお付き合いできたらなあと、ささやかな覚悟だけは持っているつもりであります。

一八の究極形は真田昌幸「覚悟のゴマすり」

いやはやNHK大河ドラマ「真田丸」、視聴率も評判も上々で何よりです。私、出身が長野県上田市ということもあり、「信州上田観光大使」を務めてもいます。ゆえにこの地元の英雄、真田昌幸・幸村親子については、ひとかたならぬ思い入れを込めて、このドラマを見つめています。

上田市長共々、このヒーローをベースにした大河ドラマ化は積年の夢でした。市長を筆頭とした「ドラマ化陳情団」が結成され、その団員の一人に私も任命され、NHKの本丸に乗り込んだこともあります。

居並ぶNHKの幹部職員を前に滔々《とうとう》と団員各位はドラマ化を主張するのですが、おしなべて「上田の活性化」の一点張りでした。ある面これは当然です。みなさん観光課など、それぞれの立場のオーソリティとしてそこにいるわけですから。

私の意見の番が回ってきました。「お言葉ですが、私は今までのみなさんの意見とは違います」。団員一同、いろめきたちました。

「私は、真田一族のドラマ化は、上田の活性化ではなく日本の活性化をもたらすと確信します」

今度はＮＨＫの幹部各位が目を見張りました。

「少ない人数で徳川の大軍に二度も勝利を収めるなんて、こんな溜飲《りゅういん》の下がる話はありません。全国の中小企業に希望を与える話になります。上田の活性化というミクロな視点ではないもっと俯瞰的に捉えるべきドラマになり得るものだと思います」

「ちょいと言い過ぎたかな」とも思いました。が、「上田の活性化」とは無論一番こちらが訴えたいことではありますのでそれは致し方ないことなのですが、ＮＨＫという公共放送の立場で言うと聞き届けなければならないのは上田方面のみではありません。地方活性化を望んでいるのは沖縄も北海道も東北も一緒なのですから。

ひとしきり陳情団員の話を聞き終えた当時のＮＨＫのＨ放送総局長がおもむろに口を開きます。「私も談慶さんと同じです」と、なんとはっきりとした同意を示しました。私は心の中で快哉《かいさい》を叫びました。

「やった！」

何が言いたいのかというと、「真田丸ドラマ化」は実は私のおかげなのかもしれませんということなんです。ですから、功労者として、私を「殺される農民役」で構いませんので一瞬だけでも使っていただければとこの場を借りて強く訴える次第です。

あははは、「お前が一番自分のことしか考えていねえよ！」ですね、失礼しました。

とまれ冗談はこのくらいにして（この本全体が理屈っぽい冗談みたいなものですが）、こんな地方の一豪族に過ぎない真田一族が、天下の徳川軍を二度に渡って退散させてしまったのです。

わかりやすく言えば、浦和学院がヤンキースに勝つようなもの、地元の看板屋が、電通に勝つようなものなのです。普通にはあり得ないこの結果をもたらしたものを、よくよく分析してみると、とかく功績は倅《せがれ》の幸村にフォーカスされがちですが、やはり父親の昌幸の英知ではないかとここに思い当たるのです。

改めて真田一族はあの名将の誉れ高い武田信玄の家来筋の、小さな一団です。群雄割拠の戦国時代、吹けば飛ぶようなこの一族は、四方八方に気を使って、生き延びるしかお家を保つ術はありませんでした。徳川、織田、武田、上杉というメジャー組の合間にひそやかにたたずんでいるような存在です。

そこで、「最終的にどちらに転んでもいいように」という、「最高の保険」が、「長男の信之を徳川方に、次男の幸村を豊臣方に人質として差し出す」ことだったのです。

いわば言葉は悪いのですが、「命がけのゴマすり」であります。秀吉が信長の草履を懐に入れる行為の究極形がそこにあるのです。武田信玄の家訓「勝負は五勝五敗でいい」と、あの生き馬の目を抜く戦国時代とは思えない「バランス感覚」が、信玄の家来筋である真田家にも脈々と受け継がれているようにも思います。

「ゴマをする」という行為は、ともすれば卑屈という心理とセットになっているような感覚がありますが、「大きな目的を叶えるための非常に効果的な言動」と捉えると、その積極性が浮かび上がってきます。

やはり「覚悟」です。そこに「**覚悟**」**があれば、ゴマすりが**「**合目的的行動**」**へと変化、昇華する**のです。昌幸には無論、覚悟がありました。覚悟あればこそ、徳川、豊臣双方から「お前は一体どっちの味方なのだ」と詰問されることもなかったのでしょう。「こいつは命がけだ」と。

さて、大河ドラマでは幸村が家康を追い詰めるまでのヒーローぶりが強調されることになるでしょうが、家康の元に人質として送られた兄の信之の存在もフィーチャーされるべきでしょう。

家康にしてみれば、「お前の親父と弟に命を狙われちまったんだぞ！」ということで怒り心頭に発するはずでしょうが、そこには信之のそれこそ「命がけの嘆願」があり、家康のお目こぼしを受け、昌幸・幸村親子は一旦難を逃れます。

そこにはまた弾圧を加えるにはあまりにも惜しいと家康に思わせた、信之の天性の頭脳もありましたし、またそれ以上にそれを許す家康の度量もあったのかもしれません。信之は、大阪夏の陣が終結し、父と弟が亡くなった後、幕府側に立って献身的に家康に尽くすことになります。

以上、昌幸が「覚悟のゴマすり」というカードを切ったことで、それが触媒《しょくばい》となって壮大な戦国歴史絵巻が展開されたのだとも言えます。「覚悟のゴマすり」はやはり自分のみならず他者の人生、つまりは「世界」を変えるのです。

落語家の祖先の理想形は「図々しさ」

歴史の話を続けます。歴史の話がなぜ盛り上がるのかというと、そこに「妄想」を織り込める余白があるからだと思います。そして、結果は覆《くつがえ》せません。いくら西郷隆盛が好きだとしても、西南戦争で勝つわけでもありません。真田幸村が好きでも大阪夏の陣では負けてしまうことになっています。大枠は決まってしまっています。言ってしまえば一話完結のパッケージなのですが、そこにはおおかなゆとりがあるのです。その隙間隙間で、好き勝手言えるのです。

そして、さらにそれを補強するのが「もう当事者はこの世にはいない」という厳然たる事実です。だから楽しいのですなあ。それをあたかも見てきたかのようにやってのけてしまうのが歴史小説家でしょう。もしかしたら、坂本龍馬は司馬遼太郎に向かって、「俺はそんなこと言ってないよ」と言うのかもしれません。

さて、ご主人の草履を懐に入れて温める「覚悟のゴマすり」という武器を携《たずさ》え、天下人に上り詰めた秀吉ですが、やはり「人間は自分と似た人間をそばに置きたがる」のでしょうか、秀吉の近くには一八の先祖、落語家の大先輩がいました。ご存知、曽呂利新左衛門《そろりしんざえもん》がその人です。

秀吉の御伽衆《おとぎしゅう》として仕えたとされています。実在はしたようですが、後世に伝わる面白い逸話は作り話とも言われています（やはり歴史は面白いですなあ）。この人にまつわる話で私が大好きなのをこれから申し上げます。

秀吉がある時大病にかかります。原因がわからず、日々痩せ衰えてゆく秀吉でしたが、ある日ずっと長い間愛《め》でてきた盆栽の松が枯れ果ててしまいます。秀吉は大層落ち込み、「俺の寿命ももはやこれまで」と肩を落とします。松の木に自らの生命を重ね合わせてしまったのでしょう。

するとそこへ曽呂利新左衛門がやってきて、こんな歌を詠《よ》みました。

御秘蔵の
常盤《ときわ》の松は枯れにけり
千代の齢《よわい》を
君に譲りて

これを聞いた秀吉は、「そうか、なんだ、こいつは俺に寿命を譲ってくれたのか」と、途端に力がみなぎってきて、回復していった……という。いい話ですよね。

ま、いまでいう「プラス思考」の元祖でもありますなあ。頂点を極めたとはいえ、いつどこから、その地位を引きずり下ろそうという輩《やから》が出てくるのかわからないのが戦国時代です。そんな環境でしのぎを削《けず》っていた秀吉はやはり、日々不安と格闘していたのでしょう。

そこに、芸人、幇間持ちの起源のような人物を配属させたのは理に適っています。

この曽呂利新左衛門の姿に、芸人の起点も見出せますが、それと共に、ストレス社会たる現代から彼を見つめると、私は芸人としての存在意義も同時に感じるのです。

四百年以上も前の大先輩のおかげで、いまの私たちの生活があるとも言えるし、そこに落語家や芸人につながる系譜を見るのです。

いや、もっというとあの「信長の草履を懐に入れたことを良しとする下地」を考慮すると、これは完全に芸人の感性とも言えるゆえ、職業芸人の本家本元は秀吉なのかもしれません。

「無から有を生じさせる」のが芸人の本分ならば、それは「何もないところから天下を獲る」という秀吉の野望とも見事に重なります。下手すりゃ命までも狙われるという「超めんどうくさい」社会こそが戦国時代でした。そんな軋轢を解消させていたのが御伽衆であり、その代表格が曽呂利新左衛門だったのです。

「社会のストレス発散の人的装置」が芸人なのではとも言えます。人の世で作られたストレスは人によってでしか解消されないのでしょう。そして、その象徴的具体的行動の一例が「ゴマすり」なのです。

ところで、そんな「ゴマすり」の失敗例として一八の出てくる落語が挙げられますが、成功事例的に「理想形」として描かれている落語があります。それが「居残り佐平次」です。

この噺の粗筋をざっと述べてみます。

「品川宿にある遊郭で遊ぼう」と、とある貧乏長屋の住人、佐平次が言い出して仲間と共に繰り出します。さんざん遊んで飲み食いした後で、「俺は肺病病みだからここでしばらく療養するから」と言い、一緒に来た仲間を帰します。

その後勘定の催促《さいそく》に来る店の人間に対して、なんのかんのとのらりくらりかわし、無一文を咎《とが》められると、自ら「居残り」と居直り、布団部屋で生活をし始めます。

さ、ここからが本領発揮。店内での客同士のもめごとなどが発生すると、気配りと弁が立つという持ち前の抜群のコミュニケーション能力を発揮し見事にそのいざこざを解決してしまいます。

おまけに踊りや唄などをやらせると玄人《くろうと》はだしで、お客からは人気上昇。しまいには「居残りはいないのか」と言われる始末で、幇間持ちや店の若い衆のお株を完全に奪ってしまいます。

業を煮やした若い衆らが店の主に掛け合います。店の主も手を焼いて、ご苦労賃などとカネを包ませて佐平次を帰らせることにします。

ここからはうちの師匠のサゲですが、

「じゃあ、いいか。表からきちんと帰すんだ」

「冗談じゃないですよ。あんなの裏から帰せばいいんですよ」

「いや、あんなのにウラを返されたらたまったもんじゃない」

「ウラを返す、ウラが返る」という「またもう一度やってくる」という意味の吉原の隠語とひっかけた見事なオチです。

さて、この「居残り」という落語、元気のない時にこそ聞く落語の代表格のような気がしますな。「居残り」なんて実際あり得ない仕事を、こしらえてしまうのですから、見事に無から有を生じさせてしまっています。

居残りと自らを居直った結果、居場所を見つけてしまうのですから、物凄いしたたかな生き方です。芸界で「図々しいヤツ」を別名「佐平次」と呼ぶようになったのはこの落語からとのことです。

「弁が立つ」「お調子者である」「気配りができる」というコミュニケーションの基本の根底にあるのが「図々しさ」ではないでしょうか。痛快な人間はみなおしなべて「図々しい」ものです。映画やドラマやアニメで主役を張るキャラはみんな「図々しい」ものです。

フーテンの寅さん然《しか》り、「こち亀」（「こちら葛飾区亀有公園前派出所」）の両津勘吉然り、「サザエさん」然り、ほぼみんなそうですよね。この図々しさで「めんどうくさい難局」を乗り越えてしまうのですから、佐平次は見事な「トラブルバスター」とも言えます。

振り返ってみると、信長の草履を懐で温めた秀吉にも、その秀吉に対して機転を利かせた歌で一気に元気にさせた曽呂利新左衛門にも通底するのが「図々しさ」であります。

「図々しさ」はめんどうくささに向き合う際の一番の心構えであると言えます。

最後は被害者のような扱いを「装う」

幇間持ちの一八が出てくる噺は、ドジ噺でほとんどがしくじり噺です。

先ほどの「山号寺号」では、稼いだはずのお金を若旦那に持ち逃げされる格好になっても、「ああ悲惨、ドジ」（私の場合）とあくまでもその「山号寺号ゲーム」に則《のっと》る形で一八がオチをいうなんざあ、やはり彼はプロです。

「幇間腹」に至っては、やはり無邪気で無責任な若旦那に、お腹に鍼を刺されて血まみれになりながらも、「お前も幇間だろ、いくらかにはなった（鳴った）のかい」という女将《おかみ》さんからの問いかけに「いいえ、皮が破れて鳴りませんでした」と、ここでも激痛をこらえながらもプロの矜持《きょうじ》を見せています。

一方「鰻《うなぎ》の幇間」では、さんざん飲み食いさせられて、それを背負い込む形で終わるという実にいたたまれない風情が漂います。いずれにしても「一八と、それに対して無茶ぶりをしかける若旦那やらほかのめんどうくさい登場人物」といった構成です。

芸人の原型たる一八のこんな系譜は、立派な「いじられ芸人」として、古くは「悲惨だな」のセリフで一世を風靡《ふうび》した稲川淳二さんを経由し、今やそのジャンルと存在を確立したかにも見える「リアクション芸人」の上島竜兵さんや、出川哲朗さんらへと見事に受け継がれています。

笑いの一つに「優越感の刺激」があります。バナナの皮で滑って転ぶ人を見て笑いが起きるとしたら、その理由は、笑う側は「俺は絶対そんなことはしないぞ」という「優越感」がそこにあるからです。この場面では、転ぶ側が笑う側より上位にランクしていれば尚更それは増幅されます。

普通の感性を持つ人ならば、お年寄りや幼い子、あるいは身体の不自由な方がバナナの皮で転んだら笑うどころか心配になる心理が働くはずです。プロ芸人が転ぶ側に立たされた時、見事にそこでは本領を発揮します。

ハタで見ているだけの視聴者側に「あいつは相変わらずバカだなあ」と、上手にその「優越感」をくすぐりながら、笑いという行為に昇華させてしまうのです。一定のアベレージで笑いのボルテージを繰り出せるからこそプロです。

上島さんの熱湯風呂に入る際の「押すなよ、押すなよ」はもはや古典芸能の趣《おもむき》すらありますし、出川さんの痛みに耐えかねた苦悶《くもん》の表情には、ペーソスすら漂います。

これはよく居酒屋の席とかで、訳知り顔の能書きばかり垂れている人が「あんなのは芸じゃない」と否定にかかりますが、そんなことはありません。普通の人にはできるわけない立派な芸当なのです。「リアクション芸人」という肩書を持ち「キャラ認知」という地位を得るまでには、地獄のプロセスがあったのです。

さて、一八を起点としてつながっていった一連の芸人の流れを逆に現代から遡って見ると、うがった見方かもしれませんが、一八はもしかしたら、「被害者を装っているのかも」とも思えてきます。

テレビ局からの「無茶ぶり」というめんどうくささを乗り越える現代の一八たる「リアクション芸人」をはじめとする表現者は、かなり高度な形ではありますが上手い具合に「被害者」を装っています。それほど熱くないお湯にも果敢に飛び込み、努力と天性の積《せき》で獲得した表情やら間を駆使して処理して、お茶の間の笑いを醸《かも》し出します。

うがった見方をすれば、「山号寺号」ではお金を奪われても、「幇間腹」では傷だらけになりながらも、オチを言っている一八のいじましさの理由は、これは、普段からのパートナーでもある若旦那との信頼関係がそこにあるからだとも思えてきます。難しいことを言っているようですが要するに、一八の出てくる落語を聴いて笑えるのがその何よりの証拠なのです。「山号寺号」に後日談が続くとすれば、

「一八、この前は済まなかったな」

「いいですよ、何をおっしゃいますやら。若旦那の為なら火の中、水の中！」

「その言葉を待っていた。今度あたしゃ、実は、相撲に凝っちまったんだ。カネをやる。その代り、張り手を決めさせてくれ」

などなど、さまざま手を替え品を替え、「無茶ぶり」を繰り出してゆくであろうことは充分想像できます。名コンビは永遠に継続するものなのでしょう。さて、この一瞬、他者に「被害者」だと思わせる高度な手口は実は落語家のしきたりにも応用されています。

　幾分極論ですが、前座制度というシステムがそれです。プロの落語家は誰もが前座としてスタートします。この間は、とにかく自らの師匠、寄席では先輩方、そして落語会が終わると、打ち上げでも気は緩みません。

一座の先輩のみならず、そのお客様方へと、気配りを強要されるのです。空いたグラスにお酒を作ったり、その先輩がトイレに立ったら出てくるのを見計らっておしぼりを渡したり、たばこを口に持っていったら火を付けたりと休まる暇がありま

せん。

そうすると、どうなるのか。お客さんはまず彼らに同情します。「いいよ、そんなに気を遣わなくても」と。ゆとりのあるお客さんなら、見るに見かねて交通費を握らせてくれたりもしますし、「今度勉強会に行くよ」などと支援を買って出てくれたり、あるいは「今度うちで落語会やってよ」と、同情きっかけに、みるみるマーケットは広がってゆくのです。

たとえは悪いのですが、近所中で「可哀そう」と言われあちこちでエサをもらっている捨て猫みたいなものでしょうか。

私も前座時代は、師匠のお供でお邪魔した場所ではそのように可哀そうがられたものです。「ワコール辞めて、落語家になったの？」「大変でしょ」「食えないよねえ」などなど。そこでお世話になって以来、いまだにご縁がつながっている方も結構います。

もしかしたら、そういう風に**「可哀そうがられて可愛がられてゆく作法」**を学ぶのも、芸の道で生きていく上での前座としての大事な仕事なのかもしれません。最近前座さんを使う立場になって、そんな気にもなりました。

またお客様側から見れば、「うちに来た時はまだひよっこの前座だったのが今や真打だもんねえ」と言ってまんざらでもないのは、出来合いのものではなく、ゼロから育てた盆栽を慈《いつく》しむようなそんな了見にもなれるのでしょう（無論こちらも一方的にご厄介になるだけではなく、手書きのお礼状を欠かさなかった裏側でのフォローあればこそですが）。

芸人よりに幾分フォーカスしてしまいましたが、「めんどうくさい人やモノ」に辟易《へきえき》するぐらいなら、いっそ「被害者」をアピールしてみてはいかがでしょう？そこに卑屈感が漂っていなければ同情はされるはずです。

いや、「被害者」というと語弊も感じ抵抗を覚えるのであれば、ここは「上手に同情されることも一つの大事な処世術だ」と割り切って考えてみてはいかがでしょうか？　対女性のみならず対人間関係は、同情から愛情に発展します。これは間違いありません。

出世するサラリーマンの処世術は「幇間芸」

「真打になるのが早いか遅いかとは、俺にゴマをすった順だ」とは師匠の名言ですが、自分が設定した昇進基準に向けて合理的にダッシュする行為こそ師匠への合目的的な「ゴマすり」だったとも言えます。いかにも揉《も》み手をしながら相手にお追従《ついしょう》笑いを浮かべて近づいていくようなイメージのある「ゴマすり」ではありますが、何も持たない人間が世に出てゆくための理にかなった言動のことを指すと以前も申し上げました。

ここではもっとその定義と意味を広げてみようかと思います。つまり、ゴマすりとは、「目的に即した行動」ではあるものの、そんな単なる目的を達成するためだけの行動ではなく、それを超越した、それ自体が周囲を快適にする素晴らしい行動ではないかと思うからです。

師匠談志は国会議員を務めていた時期がありました。「国会議員だったことが恥だと思えるような生き方をしてるのは俺ぐらいだ」と自嘲《じちょう》気味な自慢をよくしていたものでした。参議院全国区から出馬し、当選し、その後沖縄開発庁政務次官も歴任しました。

弟子たちはよく「なんと三十六日間もの間、政務次官をつとめました」などといまだにネタにしています。生前、血気盛んなころ政治がらみのネタを拾おうと、頻《ひん》繁《ぱん》に永田町界隈に足を延ばし、さる業界筋からいろんな情報を仕入れていた師匠でしたが、前座として私がお供に付いていた時、こんな話をしてくれました。

「中曽根（康弘）さんな、『風見鶏』って言われていたけどな、俺がまだ若い頃、芸人仲間とある店で飲んでいたら、たまたまばったり会ったんだ。そしたら、にこにこしながら向こうから近づいてきて、俺に握手を求めてこう言ったんだ。『よ、これはこれは師匠！　こんなところで会えて光栄です』。俺たちがヨイショする前にやられちまったんだ。芸人みたいだったぞ」

無論言外に「お前も見習え」という意味合いが含まれていたはずと確信しています。この言葉がずっと私の心の中に残っていたのですが、七、八年ぐらい前でしょうか、たまたま中曽根さんの娘さんのお正月のホームパーティで一席やるというご縁に恵まれました。

そこで師匠から聞いたこのエピソードを直接娘さんにお伝えすると、笑いながら

「父は、落語も大好きで、誰にでも明るく振る舞うタイプなんですよ」とのことでした。

今ここで改めて中曽根さんの経歴を調べてみると、確かに、裕福な家庭で育ったとはいえ、親代々の政治家の家系ではありませんでした。「風見鶏」と揶揄《やゆ》されていたのが象徴的です。人脈をゼロから作り上げて政治の世界で上りつめようとするには、「いまどの人にゴマをすったら効果的か」を計算ずくで考える前に、とりあえず「風の吹く方」に向かって、その方面を全力で快適にするという所作は必然だったのでしょう。

そこに銭勘定が働いていたらあざとくなるだけです。少なくとも後世に落語界で天下を獲ることになる若き日の立川談志に向けて、あの日あの時、打算でそんな対応を取っていたとしたら、師匠はあんまりいい印象は持たなかったはずです。「いつかきっと内閣総理大臣になる！」と周囲に公言していた中曽根さんの「全方位外交」（命がけのゴマすり）をそこに見出すのです。

いま、ウィキペディアを見ていたら、面白いエピソードがありました。

「東京帝大卒で内務官僚だった中曽根さんは、戦時中、広島県呉市の司令部に配属され、主計長に任命されます。ここで、前科者などの荒くれ者の多い船員を抱える船を受け持つことになるのですが、大学を出て海軍で短期訓練を受けただけだった中曽根さんは一計を案じ、乗組員全員を甲板に集めます。そして、この中から一番凄そうな親分肌の者を選んで班長にすると、あとで自らの部屋である主計長室にその男を呼びます。そして、やってきた古田と名乗る前科八犯の男と酒を酌み交わし人心掌握《じんしんしょうあく》に努めた」

いやはや、のちに国会議員の最高出世ともいうべき総理大臣になるような人らしい豪胆な逸話でありますな。ところで、いろんな企業などで、近頃講演やらセミナー講師を頼まれるようになった私ですが、**どこの企業の採用担当者に聞いても、欲しい人材は「コミュニケーション能力の高い人」**と答えました。

元サラリーマン経験のある落語家としてそれは痛感します。企業はチームプレーです。ずば抜けた天才は基本的には必要とされていません。言うなれば、「天才型の推進力」というより「努力型の調整力」こそ求められています。

そんなみんなでやる仕事の基本姿勢の根底は、「まず誰にも明るく振る舞える能力」です。無論これが行き過ぎてしまえば「同調圧力」となってしまい、近年日本人を悩ます現代の病理でもありますので注意が必要ではあります。

が、しかし、企業で言えば社長など、出世する人は、みなおしなべて明るく、お調子者っぽい人が多いような気がします（落語家に合わせてくれているのかもしれませんが）。

もちろん、彼らは芸人ではありません。が、会社組織の中でさまざまな人間と渡り合っていくうちに、芸人以上の「メタ認知力」を発揮して、調整能力が研ぎ澄まされ、その地位を得たんだなあと思う人ばかりです。

結構クセのある個性的な人は、部長クラスには多いのですが、トップ方面は、まず穏やかな人が多くてこちらが拍子抜けしそうなお方ばかりでした。これ、警察関係の方に実際聞いたことですが、組長クラスは酒も飲めない穏やかな人が多く、「武闘派はトップにはあんまりいないよ」とのことでした（いや、だからこそカタギもヤクザも両方とも余計こわいとも言えるのですが）。

落語「天災」に出てくる紅羅坊奈丸《べにらぼうなまる》先生のセリフの「気に入らぬ風もあろうに柳かな」のような物腰柔らかな穏やかな笑みを浮かべるその裏側ではきっと、「揉み手をし過ぎて指紋もなくなってしまっているんだろうなあ」とつい想像してしまいます。一見無縁に見えるこんなところにも、その登場人物たる一八の残り香が感じられ、つくづく「落語は日本人の人物類型パターンがみんな入っているんだなあ」と思います。

第五章

「折れないメンタル」の育て方

正真正銘の「めんどうくさい人」への対処法

ここまでは、「めんどうくさいけれども、実はすごい人」との接し方を書いてきました。「めんどうくさい」と言って拒否していたら自分が成長できなくなるという主張です。

基本これからもその路線で終わりまで書くつもりですが、この章では、パワハラそのものの正真正銘の「本当にめんどうくさい人」の見分け方と接し方について私見を述べてみます。

昨年、母校の慶應義塾大学日吉校舎で、一、二年生対象に「無茶ぶり肯定論」と題して、「無茶ぶりをめんどうくさがっていると自分の殻を破ることができなくなる」と訴えてきました。

慶應義塾大学の上村佳孝先生の「21世紀の実学」という講座での一コマでしたが、大企業経営者、研究者などに混じって『大事なことはすべて立川談志に教わった』をベースに師匠からの「無茶ぶり」のおかげで今があると、過去の失敗談をべースに最後は落語まで披露するバラエティ豊かな講義は、講演終了後聴講していた学生さんから取ったアンケートも大好評で、上村先生からは「またぜひ来年もよろしくお願いします」と言われるほどでしたが、その中で、こんな質問を受けました。

「無茶ぶりと、パワハラとの違いってどこなんでしょうか？」

さすが、若き俊英たちの集う学び舎《や》です。鋭い質問です。私はこう答えました。

「それは、その人のことをネタとして笑い話にできるかどうかです」

師匠談志からの「無茶ぶり」は、いまでこそ自分の芸人としての枠を拡げてくれた壮大なミッションでしたが、その当時はパワハラとしか感じられませんでした。いや、妙な言い方をしますが、私が前座だった二十数年前にはまだ「パワハラ」という便利な言葉はなかったので、それに相当するとは感知しなかったと言った方が正しいのです。

言葉は、その現象を受け入れる「庇《ひさし》」としても機能します。「性同一性障害」という言葉が、それに悩み続ける人を救いました。「セクハラ」も然りです。その実態を端的に表す言葉が発明されないと、それで打ちひしがれている人々は永遠に置き去りにされてしまうのです。

「睡眠障害」に悩む方は、その病名が明らかになるまではただの「怠け者《なま》」として処理される不遇な時期があったはずです。言葉は「この指、止まれ」のその指そのものです。やはり人間は言葉ありきなのです。

逆に、あの時「パワハラ」という言葉がなかったからこそ、いまこうしてあの前座九年半の落とし前をつけるべくこうして本が書けているのかもしれません。

「パワハラだと思う人、この指止まれ」と言われていたら私は間違いなく止まっていたでしょうし、そうしていたら、落語家としての未来は閉ざされた格好となっていたはずです。話が幾分脱線しましたが、「めんどうくさい人をネタにできるか」という視点は、何も私のように芸人ではない読者のみなさんにも役立つものと確信します。

「二十年後、思い出話として分かち合えるか」でもいいかもしれません。この観点に立つと、師匠の話は、キャラが立っているせいか、鉄板ネタとして前座の頃から活用させていただいています。

たとえば、パワハラが認定された形の某居酒屋のオーナーさんのことを、働いている正社員の方々の生真面目さを差っ引いたとしても、陰でネタにして笑い合っている姿は想像できません。裁判沙汰になってしまってもいますし、その後両者がそれこそ件《くだん》の居酒屋で何年後かに酒を酌み交わす絵面《えづら》も想像できません。

また「ネタとして笑いにできるか」と考えることは、一瞬、現在その「めんどうくさい人」から受けている軋轢《あつれき》を、客観的に見ることにもつながります。こういう考え自体がリトマス試験紙にも、またセーフティネットにもなるのです。

いわば「健康診断」ならぬ「対人診断」でもあります。そこから考えを変えることができる可能性だって出てきますし、「とてもあの人とのことはネタにはできない」「未来に一緒に飲んでることは想像できない」となれば、距離を取ればいいだけの話です。

あともう一つ、人間ですもの、そんな人が一人や二人は必ずいるものです。

いるか」という見方も指標になるかと思います。

「めんどうくさい人」そのものであった師匠は、自らにもハタから見ていればめんどうくさいことを課すようなマゾでもありました。「落語は人間の業の肯定だ」という歴史的定義を発見した人でしたから、終生それを貫くだけでいいようなもの、晩年に至ってまでも「いや、まだ落語の可能性はそんなもんじゃねえ」とのべつ訴え続けていました。

「落語はイリュージョン」と途中から自らの定義と芸の蓄積を覆《くつがえ》しかねないこと

を言い出し、最後には「江戸の風」という「落語の未来の可能性」を示唆する形で去って行きました。

「目の前のめんどうくさい人は、他人に対してめんどうくさいだけではなく、自らにもめんどうくさい枷《かせ》を与えているかどうか」

こういう基準で見つめると、単なるパワハラ的な見方という呪縛《じゅばく》から解き放たれ、尊敬の念すら抱きたくなります。次項では、「本当の意味でのめんどうくさい人との接し方」をお話しします。自分が実際社会人時代に経験したことをお話しします。いや、「接し方」というより「かわし方」かな。ま、「かわし方」は「接し方」でもありますな。

「背負い込むな、巻き込め」

いまから十年以上前に真打に昇進しました。ここで改めて申し上げますが、真打というのはある面「弟子を取っていい」というライセンスの授与であります。談志という典型から類型が生まれ、その類型を師匠が認めたという意味合いです。

とにかく「パーティは派手にやれ」との師匠からの厳命を受けましたので、昇進披露パーティの際に発起人として錚々《そうそう》たる皆さんが集まりました。その中の一人に、「日本駆け込み寺」を主宰する玄秀盛《げんひでもり》さんがいます。玄さんとは、歌手の沢田知可子さんを通じてのご縁で、会った瞬間から意気投合し、以来、懇意にしていただいています。

玄さんは、歌舞伎町で悩み相談所を開設し、数多くの悩める人々を救ってきた「リアルトラブルバスター」です。その生き方には俳優の渡辺謙さんも心酔し、テレビドラマ化もされました。

自殺防止活動や、犯罪者再チャレンジなどなど、その地道な活動に私自身も敬服し、ささやかではありますが賛助会員として陰ながらいまご支援させていただいています。

そんな玄さんとは、飲みながら話していてハタと気づいたことがありました。玄さんの解決法と自分の処理法が似通っていた、近かったと気づいたものです。ご紹介します。

それは、一言で言うならば、「**背負い込むな、巻き込め**」です。高校時代の友人を自殺で亡くしたこともあり、また自殺で身内を亡くした人から話を聞くと、おしなべて「背負い込んだ格好」になっています。

フィクションである落語の「文七元結《ぶんしちもっとい》」では文七が五十両を擦《す》られたと思い、それを「背負い込んで」、吾妻橋から身を投げようとします。私の友人の場合は、身内のこしらえた借金を「払わなければならないという思い込み」＝「誤解」を「背負い込んで」しまいました。

自殺という最悪の選択肢をここでは挙げましたが、「本当の意味でめんどうくさい人」に直面し、日々そのパワハラやらで難儀している人も、きっと「背負い込んでいる」はずだと思います。

逆に言うとそんな「本当の意味で害悪をもたらす人」は、「背負い込んでくれそうな人」を見つけてかかってきます。「背負い込むな」とは言いません。そうではなく「巻き込む」のです。周囲にその負担を分散させるのです。

私自身、サラリーマン時代にも、そんなとんでもない人に何人か遭遇しましたが（笑）、一人で背負い込むのはバカらしくなり、その都度会社のみならず友人など周囲にその状況を打ち明けてきました。

根っからのおしゃべりが奏功しました。要するに「相談」です。「こんなに迷惑をかけられている」ということを相談（私の場合は尾ひれをつけましたが）することは、軋轢《あつれき》の分散および軽減であり、周囲を「巻き込む」ことにほかなりません。「相談」というより「窮状報告」でもあります。

「一人でも自分の理解者はいる」と思うだけでも気は楽になります。ズバリ言うと、そんないつでも気軽に相談できるような人間関係を構築するために、ここまで述べてきたようなコミュニケーション力を発揮するのです。

いざという時の保険こそが「コミュニケーション力」なのです。そのためにコミュニケーション力はあるのです。何も会社だけではなくとも、家族でも友人でも、玄さんのようなプロの方でもいいのです。誰かに打ち明けましょう。苦境を聞いてもらえるだけでリスク分散できます。そうやって地道に巻き込んでゆけば必ず味方は増えてゆきます。

自殺という極端な例を挙げましたが、「背負い込むな、巻き込め」はキーワードになります。苦しい時つぶやいてみましょう。もしかしたら、そうする過程で自分と同じように悩んでいる人間が複数出てくるかもしれません。そうすればしめたもの。「被害者同盟」を作ってしまうのはどうでしょう（もしかしたら、組織はそのためにあるのかもしれません）。

背負い込まないで巻き込む形で「外的バリア」を作ったならば、今度は、本業以外に「これだけは誰にも負けない」というジャンルのものを磨いてみましょう。私の場合、サラリーマン時代はそれにあたるものは落語でしたが、落語が本業となった今は「ウェイトトレーニング」です（これについては後ほど詳しく述べます）。

いやな会社の上司や先輩がいたとしても、本業以外で抜きんでているものが一つでもあると「自信」が芽生えてくるものです。「外的バリア」に対して「内なる牙城」をこしらえるのです。これがあるとないとでは大違いです。

サラリーマン時代は、この落語が逃げ場所にもなり、緊急避難的にここで精神の均衡を保つことができました。それが今や本業になってしまっているのですから、今となってはサラリーマン社会に限界を感じさせてくれた人や出来事に感謝したくもなります。

「内なる牙城」は秘密兵器にもなります。要するに武器です。一点豪華主義的な武器は、対象となる苦手な人が持っていないジャンルならば、なんでも構いません。「背負い込むな、巻き込め」と「内なる牙城を持て」。これは要するに、「味方と居場所を増やせ」ということです。

人間は「味方と居場所」を求めて永遠にさすらう旅人とも言えます。私が本を書くのも、そこです。いい本を書けば、いい読者、いい編集者（今回はNさん！　ありがとうございます！）という味方が増えますし、その結果、今回のPHP文庫さんのような発表の場を提供してくれる居場所も増えるのです。

人間、味方と居場所があるうちは少々のことではへこたれません。地震や災害などで窮地に陥った被災者の皆さんには、まず人的支援と避難所をサポートしようとする構図と同じですよね。

「いや、私にはそんな味方も居場所もない」とお嘆きの読者の方、大丈夫です。あなたには私という味方が、この本という居場所があるではないですか！　そんなつらい境遇は貯金だと思いましょう。きっと満期の時には財産となって姿を変えてやってくるはずです。明けない夜はありません。

ウェイトトレーニングで「めんどうくさいこと慣れ」する

ウェイトトレーニングには、ゴルフや野球などのような爽快感は皆無です。みんなと喜びを分かち合う類のスポーツでもありません。言ってしまえば、ただ重いダンベルやバーベルを上下に上げ下げするだけの訓練のようなものです。賽《さい》の河原《かわら》に石を積むがごときに、決められたトレーニングを、決められた回数をノートに刻むだけという、これ何かに似てるなと思ったら、神社の「お百度参り」です。いや、正しくは「お百度参り」は古来日本人にとってのウェイトトレーニングのような作法だったのかもしれません。

では、スポーツにつきものの爽快感はないのかと言ったら、無論あります。ただそれは、トレーニング中に湧き起こる感情ではなく、トレーニングを終えて一人ジムのロビーで椅子に腰かけて、プロテインを飲んでいる時に訪れるのです。

「ああ、今日も俺はあのつらいスクワットをやり終えたんだなあ。よくやったぞ、自分」と、あくまでも自分で自分を褒《ほ》めるような感覚です。そこは、「お百度参り」を終えたような修行僧のつかの間の休息の場へと化します。

以前通っていた西川口（埼玉県）のジムでもそんな風情でトレーニングのエピローグを満喫《まんきつ》していました。当時「西川口で、たんぱく質を発散するのではなく、吸収してるのは俺ぐらいだな」と悦に入《い》っていたものでした。

爽快感プラス達成感でしょうか。そんなプチ成功体験を積み重ねてゆくと、たまらなくますます自分が好きになってきます。この「自分を好きになる感覚」がますます自分を強くしてくれるのです。

もっと正確に言うと「大好きな自分を、さらに一回り大きくなった自分が守ってやる」という感じでしょうか。一皮むけたような、違う自分が明らかに出現したというような想いに包まれるはずです。

私も「四十歳を過ぎてこんな気持ちになるなんて」と思うばかりの不思議な経験となりました。で、さらに、ここからが一番大事なのですが、人にも優しくなってきているなあとも自覚できるようになるのです。「やはりパワーは自信」なのです。

よく町中で、荷物を持ったお年寄りや、重いベビーカーを駅の階段から下ろそうとしている若いママさんたちをみると、率先して手を貸せるようになりました。いや、無論、トレーニング以前もそんな現場では割と先頭に立つ方でしたが、見た目の体格もゴツくなり始めると、さらに周囲への説得力が増します。

こんなのはまだかわいい方ですが、駅のホームでケンカになりそうな若い男性同士の間に入ってそれを止めたことも一度だけあります。持ち前の商売道具でもある笑顔と共にこの無駄に養ったパワーを発揮すれば、物事、平らに解決できるんだなあとしみじみ思います。

男はつくづく単純な生き物です。心の中で「五十歳過ぎてベンチプレス百キロ軽々挙げられる落語家は俺だけだ」という自信がすべてを変えつつあります。

最近やっと銭湯《せんとう》でお湯に浸かっていると、「いい身体していますねえ。何かやっていますか?」と声をかけられるようになりましたが、やはり『人は見た目が9割』というベストセラーにもなった本のタイトルは本当だと確信します。

いま現代人を悩ます病の一つに「うつ病」があります。晩年師匠もそれに悩まされ続けてきました。まだまだ病床に就くだいぶ前の頃から「イライラする元気もねえんだよ」と訴えていたこともありましたが、振り返ってみるとその当時からその病との戦いは始まっていたのでしょう。

ところで、「うつ病」の語源は「うつむく」から来ているという説もあります(無論諸説あります)。つまり人間うつむいている時の方が、パソコンや携帯操作を見てもお解りの通り、神経学的に細かい作業もまたそのチェックもしやすくなるということです。

が、同時にこれは、マイナス思考になりやすいとも言えます。うつむくことでマイナスな気分になりやすいのだとしたら、その拮抗筋《きっこうきん》である「見上げる筋肉」を鍛えるべく「デッドリフト」をその治療に積極的に取り入れて、効果を出している施設があるという記事を、先日目にしました。

「上を向いて歩こう」という坂本九さんの歌にもつながりますが、「悲しい時こそ上を向く」というあの歌はあながちウソではなく理にかなっているんだなあと、妙に納得しました。

「デッドリフト」とは、床に置いたバーベルを持って上を向いて挙げる、背筋をはじめとして全身を鍛えるまさに「上を向く」運動です。実際この運動を取り入れてから神経伝達物質セロトニンの働きが高まり、「うつ病」が改善したとも、そこでは報告されていました。やはり「心と肉体」ってつながっているものなのですな。

ところで、先ほどウェイトトレーニングは「お百度参り」のようだと言いましたが、「お百度参り」に代表される修行というものにはなぜかくも苦痛が伴うのでしょうか。

先日、日蓮宗の泣く子も黙る荒行で知られる、大本山中山法華経寺《なかやまほけきようじ》へご祈禱に行ってきました。実際体験されたお上人様とも親しくさせていただいていますが、まさに想像を絶します。例年十一月一日より、翌年二月十日まで行われるそうですが、日蓮宗では、この修行を終えた僧侶のみに秘法が相伝されるとのことです。荒行の一日はというと「早朝二時に起床し、朝三時、一番の水から午後十一時まで一日七回寒水に身を清める『水行』と、他『万巻の読経』『木剣相承』相伝書の『書写行』があり、朝夕二回、梅干し一個の白粥の食事」。なんとこれが百日も続くのですから、いやはや恐るべき内容です（実際死者も出たことがあるとのこと。そりゃそうでしょうな）。

私ごときが趣味でやっているウェイトトレーニングとは全く比べものにならないレベルで、比べてしまっては失礼に当たります。が、この日蓮宗の荒行をはじめとする、かような各種宗教団体に長年に渡って伝わっている過酷な修行の類は、「苦しみ慣れして、一切の衆生《しゆじよう》を救おう」という神仏に向かっての決意表明のように感じます。

ここで無論、今からそんな修行をしましょうとは言いません。「水をかぶったり、お経を書き写したりする」ことを真似しようというのではなく、「苦しみ慣れ」、つまりは**「めんどうくさいこと慣れ」しようとする姿勢を日常生活に取り入れてみたらどうか**という提案なのです。

そう考えてみると、ウェイトトレーニングは、現代の「在宅プチ修業」とも言えます。「めんどうくさいこと」を否定するのではなく、身体に取り入れて慣れさせてしまうという、なんだか「めんどうくさいもの」に対して抵抗力を付けるワクチン接種のようですな。身も心も丈夫になることはこの私が証明しています。

身体を鍛えてみると何かが変わる

ここ九年以上、週三日か四日、ジムに通いつめ一回に付き二時間近くものハードなウェイトトレーニングに明け暮れ、筋肉痛が友人ともなる生活を送っています。元々きっかけは頸椎《けいつい》ヘルニアでした。いまやジムが「居場所」となるような感じの日々で、本業の落語以外の項目でも「談慶＝筋肉」という形で認知され始めています。

二〇一三年にはフジテレビ「アウト×デラックス」にも「本業よりも筋トレを優先する落語家」として出演を果たしました。実はこれには裏話があります。

この人気番組のMCを務めるマツコ・デラックスさんは実はこのスポーツをやるきっかけになった頸椎ヘルニアと微妙にリンクしているのです。十年近く前でしょうか、仲良しのフリーアナウンサーの御影倫代《みかげみちよ》さんから「絶対談慶さんと話が合いそうな人を紹介します！」と言われていたのが、何を隠そう今をときめくマツコさんでした。

即座に三人で日時を擦り合わせ、私が場所をセッティングしていたのですが、その前日突如として私を襲ったのが頸椎ヘルニアでした。眠れないほど痛いので、キャンセルを伝える旨を御影さんにメールし、医者から処方された痛みどめを飲んで臥《ふ》せっていました。するとその深夜、御影さんからメールが来ました。

曰《いわ》く、「マッコさんが落ち込んじゃっている」と。「いきなりドタキャンするということは、私のことが嫌いだからに違いないと思っちゃってるみたいなんです」。

私は必死に打消しメールを返信しました。「いや、そんなことあるわけないよ。あのね、頸椎ヘルニアって、虫歯が首に来るような痛みなの」と、御影さんに中継してもらってもその窮状は伝わらないと思ったので、ご本人の許可をもらってマッコさんのメアドを教えてもらい、「初めまして、談慶です。この度は申し訳ないです」と、切々と体調不良を訴えました。

マッコさん本人からも即返信が来て勿論誤解が解けて、「また近いうちにお会いしましょう」と相成ったのですが、この世界の「また近いうちにお会いしましょう」ほどいい加減なセリフはありませんな。瞬《また》く間に、彼女（いや、彼か）は、一躍超売れっ子、スターダムに駆け上がってしまいました。

で、いざアウト×デラックス本番。こんな毒舌だけではないマッコさんの感受性の強さも伝わる「いいエピソード」を私が現場で披露したのですが、なんと全てカットでした（笑）。あの番組は「おかしい人をアウト！　と断定する番組」です。そんな「いい話」っぽいネタは切っ先が鈍るのでしょう。さすがメジャー番組だなと強く感じた次第です。

頸椎ヘルニアになったせいで、マツコさんにその時会えなくて、そのせいで始めた筋トレで後になってマツコさんに会えたという、なんとも奇妙なご縁でした。

さて、もともとは頸椎ヘルニアのケアのために始めた筋トレでしたが、いざ始めてみると、その面白さに完全に心を奪われてしまいました。当時通っていたジムのコーチに、初日の体験コースの時にいきなり「談志さんのところで真打になった人だから、もちろん明日も来ますよね」と釘を刺されてしまいました。先制パンチです。

確かに初日は、なんだかきつくもなんともないメニューでお茶を濁《にご》されただけでした。もっともいきなりハードなことをやらせるわけではないのですから、これは当たり前なのですが。このコーチのセリフは、自分本来の「M気質」に火を付けます。あの頸椎ヘルニアの地獄の痛みから解放されるためだったらなんでもしてやろうという気持ちにもなっていました。

次の日からなんとか時間を調整し、トレーニングウェアを新調してまでジムに向かおうとする自分がいました。根っから飽きっぽい私のことを知り抜いているカミさんは呆《あき》れて見つめています。

最初のベンチプレスは、バーのみの二十キロからスタートしました。それとて、それまでトレーニングとはまるっきり無縁の四十男にしてみれば、翌日の筋肉痛たるやモノ凄いのです。スクワットなんかの翌日は、家の階段すら手すりにつかまって上がるほどでした。

でも、でもです。筋肉痛を乗り越えると次の週は、**自分を追い込んだにっくきバーベルを難なくクリアしている自分に出会える**のです。これは快哉を叫びたいほどの魅力でした。

二十キロを難なくクリアーすると三十キロがやってきます。それとて、正しいフォームで臨むと、難儀はしますがきちんと回数さえこなせば容易《たやす》く超越できてしまうのです。その次は、三十五キロ、四十キロ……と、迫り来る難敵を次から次へとねじ伏せているのは、なんとも言えない喜びにつながってゆくのです。

カッコいい言い方をすると、「バーベルを挙げたら、そこにいるのは未知なる新しい自分」なのです。以来、生まれてこの方、自他共に認める「自分大好き人間」

にますます拍車がかかり、現在に至っています。

そしてふと気が付けば、初日ベンチプレスで二十キロバーベルを挙げるのに精一杯だったのが、いまやラックアップだけなら百七十キロ、胸まできちんと下ろすのならば百十五キロと文字通り桁《けた》違いなパワフル落語家に変貌を遂げていたのであります。

そして、更なる嬉しいことに、この苦行のようにしか思えないキツイトレーニングをやったご褒美として「筋肥大」がプレゼントされるのです。十年ぶりに会う友人などはあまりの肉体改造ぶりに驚いています。「別人のようだ」とみんなそう言います。

幻冬舎の見城《けんじょう》徹《とおる》社長は「精神を鍛えるのならまず身体を鍛えることだ」と言いました。筋トレにハマりっぱなしという松本人志さんは「家族を守るために身体を鍛え始めた」とのことです。

頸椎ヘルニアという怪我から始まり、いまや自分の居場所でもあり、生きがいにまでなった筋トレ。まさに「怪我の功名」であります。おかげで日々「怪力落語家」としてパワフルな日々を送っています。必ず何かが変わります。

今日から「セルフ修行」を開始する

前項からの続きになりますが、「ジム選び」について申し上げます。とにかく一番は「自宅から通いやすい場所にある」が一番です。サラリーマンの方なら「最寄り駅近くのジム」に限ります。

いくら設備がよくても、自宅から遠いとまず行かなくなります。要するにジムに通うことを「習慣づけ」させるための環境作りを第一義に考えるのです。「ジムにいる自分」を日常のものにするためには生活空間そのものの中にジムを組み込んでしまうのです。

そうするとトレーニングすることが当たり前になります。あとウェイトトレーニングにやや抵抗のある高齢者の方。むしろウェイトトレーニングこそ高齢者向けなのであります。その辺の偏見をなくすところから始めてみましょう。

筋肉は死ぬまで発達します。ご年配の方でしたら体育館の脇に併設されているような公営のジムに行かれてはいかがでしょうか？　うちの近所にある「浦和駒場体育館」のジムでは年配の方々が、かなり重いウェイトに取り組んでいます。またベンチプレスなんかは補助というかパートナーがいないと基本的に危険な種目であります。長年培ったコミュニケーション力を発揮して、そんなお友達作りも兼ねて通われてはいかがでしょうか？

自分もそんなジム仲間の営む居酒屋の常連になったり、また自分の落語会にも足を運んでくれたりしていて、一石二鳥どころか三鳥でもあります。

ところで、いま「トレーニングを習慣づけしてしまう」と申しましたが、前々項でもお話しした「めんどうくささ慣れ」にも通底します。「めんどうくさい人やモノ」を拒否するのではなく、それを受け入れて慣れてしまおうという対処法は、「折れないメンタル作り」への第一歩です。

では、そんな「めんどうくささ慣れするための作法」をこれからお話しします。これは実際私が取り組んできた方法であります。

まず、「徹底的にシミュレーションする」。起こり得る出来事や、来るであろうクレーム、指摘してくるであろう案件、つまりは「想定される嫌がらせ」を、逐一《ちくいち》書き出してみるのです。最悪の事態を考慮しておくのです。

基本、めんどうくさい人は、物事を全て悪く取ってきます。実際、師匠は、楽屋でぬるくて薄いお茶を出されたりすると、「こんな馬のションベンみてえなやつ、飲めるか」と露骨に言いました。

これはキツイ言い方ですが、「お前の出したお茶は、悪く受け取るヤツがいたとしたら、こういう言い方をするぞ」という「教育的指導」なのです。

「俺は教師じゃねえ。小言でモノを言う」と断言していましたので、師匠から言われたことは、必ず意味があることだと踏まえ、ならば上手に怪我をしないように常に「補助線」を引いて解釈しようと努めることにしました。そうすることにより、だんだん師匠の呼吸がわかってきたものでした。

ここで前座はしくじりながら、「師匠には熱い濃いお茶を入れよう」と悟るわけです。悟れば今度はしくじらないように先手が打てるのです。つまり、「徹底的シミュレート」をすれば、「最悪の事態」が想定できます。あとはそれに沿って転ばないように歩けばいいだけの話です。

つまり、「めんどうくさい人」に会う前に「緊急避難マップ」を作っておくということなのです。あらかじめ突っ込まれるであろうことを考慮しておくと、本番ではつまずきません。極論すれば、「人生はハザードマップ作り」の旅とも言えます。

いつめんどうくさい人に会うかわかりませんし、いつめんどうくさい出来事に出くわすかわかりません。もっというと、昨日までのいい人が突如「めんどうくさい人」になってしまう場合だってあります。突然親が倒れて介護することになった人の手記なんかを読むとまさにそう感じます。

そんなハザードマップのデータ作りを効率よく学ぶために人は、大学などに入って教育を受けるのですし、安定した会社に入社したがるのも、経験しなくてもいいようないろんな危険が少ないだろうという判断からです。

かつてはそうやって大衆の最大公約数が思い描いたハザードマップで充分に人生の危険性を回避して安全にすいすい歩いてゆけたものでした。が、今や、そんな予測は決して当てはまらない世の中になってしまっています。

そういう「官製人生ハザードマップ」は役に立たない時代なのです。だからこそお仕着せのものではなく、**自分の人生を楽しく歩むための地図ぐらい自分で作りながら歩いて行きましょう**といっているのがこの本なのです。

とにかく「事前の徹底的シミュレート」です。これは「めんどうくさい人やモノ」を客観的に把握する訓練以外の何物でもありません。まさにこれは「彼を知り、己を知れば百戦殆《あやう》からず」という故事成語そのものですな。

この「あらかじめ見舞われるであろうクレームや嫌がらせを想定すること」は、

ネット社会への対応法とも見事に呼応します。「ああいえばこういう」の、「こういう」方をイメージしておけばいわゆる「炎上」することはまずありません。

匿名《とくめい》の上にあぐらをかいている人たちは、常にケンカを吹っ掛けているだけで、まともに取り合わなければいいだけの話です。いちいち真に受けるからこじれてしまうのです。

常に「自分が発言した場合の悪意ある反対意見」を予測していたら、スルーすることはできるはずです。「カチンと来た」としたならば、そこでむしろ自分の準備不足を恥じましょう。計算するのです。ここでやり合った場合の損失の方が大きいことを考えましょう。

そんな勘定ができれば感情に負けません。シャレみたいですが真実です。あらかじめ悪意ある言葉に、ここでも慣れさせておきましょう。だって、「お前はバカだ」と言われれば腹は立ちますが、前もってそう言われるだろうなと想像しておくと「覚悟」ができて、そこで自分で「私はバカだ」と言えば謙遜《けんそん》になりますもの。「お前はバカ」＝「私はバカ」って、これ同じ意味なのに、なぜ前者はむかつき、後者は腹が立たないのか。それは主体がこちらにあるからなのです。主体がこちらにあれば、マイナス感情までも謙遜という人類が英知をかけて積み上げて開発した受け身で差配できるのです。

以上、これは誰もが簡単に今日から実施できる「セルフ修行」です。つらさに慣れましょう。

うちの師匠がネットでやっていたら
炎上だらけだったろうなぁ…。

「めんどうくさい」を数値化してみる

「どんな状況でも主体が自分ならば、克服できる」

これは前著にも書いた「主導権を握れ」と同じ意味です。師匠に「踊り五曲覚えろ」と言われて、「無理だよ、そんなの。せいぜい覚えられて三曲だよ」と落ち込んでいるうちは昇進させてくれるわけはありませんでした。

発想を変えて「じゃあ、その倍、覚えてやろう」と、雪駄タップなども含めて十曲覚えて向かっていったら、敵は扱いを変えてくれたと、この本でも書きました。「主導権を握った」からです。

先に挙げた日蓮宗の荒行なども、きっと、やらされていると感じているうちは超越できないもののはずです。「飯を食うな」と言われてそう言われるがまま耐えているうちは空腹に負け「不健康」にもなるはずですが、「これは断食《だんじき》という自分で選んだ修行なんだ」と切り替えられれば、「健康」にもなるのです。

人生で起こり得るさまざまな出来事を、自分で選んだものだと、考えられるようになれば人生は「自分の主体」とイコールになり、もう楽しすぎる未来がそこに繰り広げられるはずです。

ま、ここから先は宗教の領域なのかもしれません。そんな主体を自らが持つキッカケとなるものがあります。それが「数値化」です。数値化することにより、主体を自分に置くことができます。

またまたわかりやすい例としてベンチプレスを挙げます（「ベンチプレスを挙げ、る」なんてまさにシャレみたいですな）。ベンチプレスに限らずウェイトトレーニングは、「数字」との戦いです。

数字はすべてを「見える化」します。トレーニングを始めてまず当面の憧れが「ベンチプレス百キロ」です。まだ四十キロぐらいしか挙がらなかった頃、上級者が百キロをスイスイ挙げているのを観て、激しい羨望《せんぼう》と憧憬《しょうけい》を抱いたものでした。私の中で、というよりも世間的にも「ベンチプレス百キロ」というのはある種「怪力の称号」でありました。

「自分の体重を挙げられる人＝男」、「体重の一・五倍を挙げられる人＝男の中の男」、「体重の二倍を挙げられる人＝神」と言った人もいます（これ、実感としてものすごく納得できる基準です）。

四十キロぐらいのバーベルでハアハアやっていた頃は、「ベンチプレス百キロ」なんて夢の夢でしたが、「きちんとしたトレーニングを積んでゆけば、それは夢ではないのでは」という予感が徐々にしてきました。

そして、それは「数字」として表れます。四十キロが四十五キロになり、四十五キロが五十キロになり……と、歩みはのろいのですが確実に上昇してゆくと、本当に楽しくなってきました。

無論、正比例の直線は描きません。五十キロで停滞したり、日によっては体調不良もあり、ぎっくり腰もやったりなどして、四十五キロに戻ったりと、不連続線を描く毎日でした。

が、これこそ「思うようにならないなんてまるで自分の人生そのもの」のような気がしてきて、ますます愛着を感じるようになっていました。

トレーニング開始から、四年以上も経っていましたが、その目標達成の日が訪れました。ある日、それまではコーチの補助なしでは潰《つぶ》されていたはずの百キロのバーベルが、一瞬軽く感じたのです。

「!?」

それは私の胸を離れて飛んでゆく魂の塊《かたまり》のように感じました。アームストロング船長の言葉でしょうか、人類初の月面着陸をした際に「この一歩は小さいが人類にとっては大きな飛躍だ」というのがありますが、二ケタから三ケタですもの、この瞬間は忘れられぬ大きな思い出となりました。

大学合格よりもときめきましたっけ。**「目標を数値化すれば、取り組みやすくなる」**。ウェイトトレーニングで教わった哲学です。ほんと、数字って不思議です。翻《ひるがえ》ってワコール勤務時代の、「予算」とよばれるセールスマンに課される月々のノルマに喘《あえ》いでいたあの頃とは対照的ではありました。

さて、今回の本のキーワードの「めんどうくささ」も、「数値化」あるいは「見える化」できないものかとずっと頭を痛めていましたが、なんと、そうしている自治体が実はありました。

それが私の故郷、長野県です。勿論、目に見えないめんどうくさいモノなど、そんな客観化などできるわけがありません。私の妄想に過ぎません。が、長野県特有のとある方言を思い出し、これは私の発見はあながちウソでもないなと思った次第です。

その方言とは、「ずく」です。わかりますか、みなさん？ 長野県人は、「めんどうくさがり」「ものぐさ」な人のことを「ずくなし」と言って揶揄《やゆ》します。あれ、余計わからなくなりました？　要するに「めんどうくさがって、何かをやらない状態」のことを「ずくなし」というのです。

逆に、「めんどうくさがらずに、やれよ」と言う時に「ずくを出せよ」と言います。「ずく」とは、「根気、根性、気合い、やる気」などかなり幅広い意味を示す言葉と捉《とら》えていただければわかりやすいかと思います。

目の前のめんどうくさいモノを処理する際に、私のご先祖様たちは「ずく」という「見えないモノ」を出して、それをクリアし今日を築いてくださったのです。「見えないモノ」を「見える化」した長野県人の知性には頭が下がるばかりです。考えてみれば、盆地かつ標高の高い地方特有の冬の厳しい寒さとその正反対の夏の蒸し暑さを耐え忍ぶには、「めんどうくさい」という感情はマイナスだったのでしょう。

そこで「めんどうくさがるな」と言うよりは、「ずく」という見えないけれど確実に「めんどうくささ」を退治してくれる誰にも備わっている力を借りて、「ずくを出せ」と言ったのではと古《いにしえ》の人々の心的風景に思いをはせています。

まさに「言葉は発明」です。そんな長い間培《つちか》われた精神風土は「長野県人は真面目で頑張り屋」という県民性にもつながります。真面目で頑張り屋だから、「めんどうくささ」にも「ずくを出す」ことで立ち向かっていったのでしょう。真面目で頑張り屋だからこそ「イナゴ」に代表されるように、「なんとかして、虫まで食べて栄養にしちまおうぜ」という食文化も芽生えたのかもしれません。

この本では真田一族のことを書きましたが、弱小な一豪族が、あの天下の徳川に二度にわたって勝てたのも、「真面目で頑張り屋の普段は農民として汗を流す一方、一大事とあらば武装化するという農民集団」のサポートがあればこそとの歴史分析です。全てはつながります。そんな気風は後世の子子孫孫には誇りとなって伝わります。

だからこそ領主からの圧政には根っからの「真面目で頑張り屋」の気質から、とことん反発するに至ったのでしょう。江戸時代の百姓一揆が全国一多かったのはそれを物語っています。また、その後の明治時代の「自由民権運動」が異様に盛んとなったのも、「めんどうくさい」を「見える化」させた言葉＝「ずく」あればこそだと思うのであります。

すなわち、「見える化」「数値化」が明らかにメンタルを強くするのは長野県の歴史で実証済みともいえるのではないでしょうか。大体「ずく」がなかったら、私もこんな本書きませんって。

守りから攻めへの転機は必ずくる

第五章「『折れないメンタル』の育て方」では、いわば「守りの徹底」を勧めた形になりました。ウェイトトレーニングを励行《れいこう》することにより、身体つきが変わってくると、まず「怖い物」がなくなります。

落語家というのは、一人で満座のお客様に向かう仕事ゆえ、いつも不安なのです。「ベンチプレス百二十キロを挙げられる落語家はお前ぐらいだ！　大丈夫！」といつも自らに言い聞かせて高座に上がっていますが、ここのところ自信に満ち溢《あふ》れてきたと言われるようになりました。

要するに間違えても堂々としていられるようになっただけなのでありますが（笑）。肉体という器が変わるとその中身の精神も変わるのは確かなようです。顔から下の身体つきが変わって自信が付いてくると、顔つきも最後に変わってくるのでしょう。肉体改造は精神改造ももたらしてくれます。

さ、いよいよ、逆襲開始です。自分自身も「前座時代のあの九年半は決して無駄

ではなかった」ということを証明するために、こういう本を出しているのですから
まさに逆襲です。五十歳を過ぎてしみじみと、「やはり人生もスポーツも逆転可能なほど面白いなあ」と思ってきています。

師匠のように天才型の人は若い頃からすでにトップランナーとしてワープしながらずんずん前を行くのみですが、そういうタイプではないのに、若い頃先に売れ切っちゃった人は、先行逃げ切りと言えば格好はいいのですが、常に後ろを振り返り振り返り走り続ける人生を余儀なくされています。

そういう人たちを何人も見てきていますが、私のような五十歳を超えて「まだまだこれから」という人間は、いつも前を向くしかありません。ただそれだけであります。

以前、元巨人軍のあの駒田徳広さんとお話ししていて非常に興味深かったのが、「野球にしろアメフトにしろ、基本アメリカ発祥のスポーツは逆転可能で、サッカーなどヨーロッパ発祥のスポーツは逆転劇が起こりにくい」ということでした。なるほどと思いました。

これ、私の仮説ですが（ま、この本全て仮説みたいなものですが）、アメリカは、ヨーロッパ諸国に比べたら新興国ゆえ、「ヨーロッパに追いつき追い越せ」という

国民的機運を常に高めておかないといけないという大命題があります。

そう考えた場合、「頑張れば逆転できる」という国民同士のバックボーン醸成《じょうせい》の意味合いから、野球やアメフトなど逆転可能なスポーツを「装置」として根付かせようとしたのではないかと思うのです。

師匠は常々、「3対0を逆転できるから野球はサッカーよりも面白いんだ」と持論を展開していました。「なんだ、あれ、サッカーのヘディングっていうのか。頭をあんな風に使う奴があるか。頭は物を考えたり、帽子をかぶるためにあるんだ」とよくネタとしても言っていましたっけ。

確かにサッカー、ラグビーは、野球やアメフトに比べたら逆転はしにくい部分があります。そして、アメリカから日本を見ると、確かに日本はアメリカとは違い、長い伝統もそれに付随《ふずい》する文化も誇るべきものがありますが、明治になってやっと文明開化をしたという意味ではアメリカの子分、いわゆる西側諸国では後発国です。

そんな同病相憐《あいあわ》れむようにアメリカは日本にも逆転可能な夢を見させてあげようという親心から野球を定着させたのではと思うのです。野球が熱狂的に支持されているのがアジアだということを考えるとなんとなく合点がゆきますよね。

こんな話を駒田さんとの会話から思いついた私は「満塁男」の駒田さんから満塁ホームランを打ったような了見になってしまいました。

実はもう一本、今回は満塁ホームランを放とうと目論《もくろ》んでいます。「野球は人生」。これもよく喩《たと》えられがちな話ですが、もっと説得力を持つ話をさせていただきます。

日本人の平均寿命が延び、ほぼ女性八十七歳、男性八十一歳だと聞きます。男性の八十一歳の八一という数字に私、注目してみました。八一は九の倍数です。ここで私は閃《ひらめ》いたのです。「年齢÷9で人生のイニング数が判明する」と。

九歳の子なら人生のまだ一イニング、十八歳の高校生なら人生の二イニングという風に。私のような五十歳なら五余り五、つまり野球で言うなら「五回表を終わって裏に入ったあたり」という年齢だと。「もう人生の折り返し地点を過ぎたなあ」とついつい思いがちですが、まだやっと中盤にさしかかったばかりなのだということに気付くと、なんだかとても嬉《うれ》しくなってきます。みなさんもぜひお試しください。

自分としてはかなりの発見で、満塁ホームランにも匹敵するのではと思っていますがいかがでしょうか？　八十三歳でなくなった父親は、人生の延長戦を戦い抜いた引き分け男だったとも言えます。無論、平均寿命からはじき出した単なる落語家の戯言《ざれごと》レベルではありますが、「自分の人生」という最高の野球の試合を楽しんでいるような気分になれるはずです。

また自分の人生に対してそういう客観的な目線を持つと、「人生はまだまだこれからだ。本当の出会いはこれからだ」という気持ちになれませんか。ラッキーセブンは六十三歳なのです。後半大逆転が必ずあるのが野球です。

「俺の人生、負け続けているなあ」と思っている方、発想を変えましょう。負けているのではありません。それは「データ蓄積期間」なのです。**失敗とは、「次に来るであろう展開のために、データを集める雌伏《しふく》の時」**だと割り切りましょう。

野球だって先発投手の調子が悪くても中継ぎがきちんとその仕事をこなしていれば、いつかは必ずチャンスが廻《まわ》ってきます。投手だけではありません。代打、代走、守備固めなどなど、あなたの人生の野球はあなたが監督であり投手であり打者なのです。好きな布陣で臨めばいいのです。

そりゃ持ち駒は人によっては台所事情もあり、苦しいかもしれませんが、そんな時こそベイスターズを見習いましょう。健気《けなげ》に頑張っていますよ。ちなみに余談ですが、女性の方、「ベイスターズファン」と常々言っていれば「辛抱強い女性だ」

と思われ、好感度がアップしますよ（多分）。

サラリーマンの皆様もプロ野球選手も、「薄給（白球）を追い求める」という点では同じなのです。あなたを優しく見つめる家族や友人の前で、大逆転劇を見せつけましょう。

次の満塁ホームランはあなたなのです。

第六章

「めんどうくさい人」を味方にしてしまおう

「めんどうくさい人やモノ」が出現せざるを得ない日本

しかしまあ、電車の中の広告を見ているとツッコミどころ満載ですな。「実質金利0％　ご返済利息を全額キャッシュバック」といういわゆるひと昔前の「消費者金融」に近い金融機関の車内広告の隣に、「過払い金のご相談は◯◯まで」という司法書士の車内広告が並んでいるのを見ると、「こいつらグルじゃないか」と思いますよね。

某予備校のそれは、「なんで私が東大に⁉」「なんで私が京大に⁉」と、あくまでも「成績の悪い人でも受かる術《すべ》がここでは学べる」という意味で訴えていましたが、私は「そりゃ受験したからだろう！」と思わずツッコミを入れてしまいました。

そうかと思うと先日テレビのワイドショーで「美容整形の失敗」を取り上げていまして、美容整形に失敗した患者さんが訪れるという美容整形外科医がインタビューを受けていて、「またグルだなあ」とゲスの勘繰りをしちゃいました。

失敗の後のアフターケアというマーケットがどうやら存在するようです。「めんどうくささの後にまためんどうくささがやってくる」。それがこの国なのでしょう。こんな環境にさらされ続けていたらそりゃうつ病になる人も増えますって。

晩年うつ病に悩んだ師匠はよく「まともなヤツほどうつ病になるんだ」と断定していましたがその通りだと思います。

ネットで先日「うつ病にならないための毎日のコツ」というのが回ってきて、自慢気にこれをシェアして「私はうつ病と無縁だ」なぞと声高に自らの健康をアピールしていた人がいましたが、そういう無神経な人の周りにこそうつ病の方が増えるのだと懸念しました。

迫りくるめんどうくささとの戦いの中で、「真面目なおとなしい人」の方からかような現代の病巣《びょうそう》を俯瞰《ふかん》で眺めてみると、こうも言えるのではないでしょうか。「真面目でおとなしい人が自らをガードするためにめんどうくさい人になっているのだ」と。

なんだか貧乏人相手に貧乏人が商売してますます貧乏になってゆく「花見酒経済」を想起してしまいました。この連鎖を断ち切るには、「めんどうくさい人も元々は真面目でおとなしい人だったのかも」という優しさで包んであげるしかないと思います。

そうなんです。つまり、「目の前のめんどうくさい人は弱い人」なのです。そう思ってみるだけで、少なくとも相手に振り回されることだけはなくなるような気がします。

前項から私が訴えている「主体」を取り戻すということの第一歩はそんな心構えから始まります。大概「攻撃的な人は守りに弱い」ものです。

いつもここで思いだすのが我が師匠と、その師匠である小さん師匠との「最後の出会い」の場面です。あの日は、師匠のご子息の慎太郎さん、弟弟子の談笑とで師匠に付いていました。その前、師匠は帝国ホテルにて某団体のパーティに来賓として顔を出し、帰り際に私たち三人にこう言いました。

「三人に、いいものを見せてやる。歴史になる日だ」

意味深な言葉に我々三人は戸惑います。師匠は少しお酒も入っていて気分も高揚していたのでしょうか、日比谷の芸術劇場に自然と足は向いていきます。立て看板には「桂南光襲名披露興行」という大きな文字。そこには上方落語界の大御所、桂米朝師匠、桂枝雀師匠がいました。師匠を先頭に我々は楽屋へと入っていきます。

そしてその中央に東の代表として柳家小さん師匠がいました。東西両巨頭そろい踏みです。

師匠と小さん師匠との再会はその時で十年以上ぶりぐらいでしょうか。師匠は弟子から見ても明らかに小さん師匠がそこにいないかのように振る舞っていました。「おう、弟子、タバコ持って来い」「ビール持って来い」など、呼ばれてもいない楽屋なのに我が物顔です（ま、いつものことですが）。

明らかに小さん師匠の顔つきが怒りへと変わってゆきます。米朝師匠とひとしきり話した後、小さん師匠に向かって、「お、『睨《にら》み返し』（落語の演目です）みたいよ、目白！」と声をかけました。

明らかにその発言は地雷でした。その時です。「てえげえにしろ！」。小さん師匠がとうとう激怒しました。「お前なあ、もっと素直になれ！」。小さん師匠の積年の思いが吐露されました。ここでひるむうちの師匠ではありません。「師匠、素直の定義は？」。「それが素直じゃねえんだ」。一同みんな笑いをこらえています。

以下、小さん師匠の小言が、ご年配のせいかどんどん論点がずれてゆき、何を怒っているのかわからないような感じで師匠も茶目っ気たっぷりにふざけるようなニュアンスで小さん師匠とやり合っていました。「師匠にはよく殴《なぐ》られましたよねえ」「バカ野郎、おめえだって俺を殴ったじゃねえか」。

談笑と目を合わせて二人、笑い合いました。「勘当したはずの道楽息子が突如帰ってきてしまい、どう扱っていいか戸惑っている頑固おやじ」そのものでした。いい意味でのゆるさが、確かにそこにはありました。

結局その後の打ち上げパーティには、小さん師匠は怒って帰っていました。さすがに小さん師匠が帰ろうとした時、師匠も責任を感じたのでしょうか、小さん師匠が靴を履こうとしていた時、即座に靴べらを手渡そうとしていましたっけ（笑）。

師匠の前座時代を垣間見たほほえましい瞬間でもありました。呼ばれていない師匠が出て、招待したはずの小さん師匠が不在になったというその後の宴席にはどことなく奇妙な空気が漂っていたのを、当時前座ながら感じたことを今でもはっきり覚えています。確かに歴史的な一日でした。

その後日談。やはり本来は常識人たる師匠です。まして人一倍感受性の強い人です。あの日の乱暴狼藉《ろうぜき》ぶりの余波を自ら感じていたのでしょう。前座である私にですら、「あんなに怒ることはねえよなあ。話にならねえよなあ？」ととことん何度も同意を求めてきました。

小さん師匠の元で前座修業を積んだその師匠の元で、前座修業を積んだ私です。

「ダメ、そんなことをしちゃ。お母さんに怒られるもん」「そのお母さんもおばあちゃんに怒られてきたんだよ」というセクシージョークをなぜかそこで思い出しました。

この本をお読みのあなたの、目の上のたんこぶであるめんどうくさい課長はきっと、その更に上のめんどうくさい部長に悩まされ、そしてその部長もまた、その上のめんどうくさい常務に悩まされてきたはずです。小さん・談志・談慶。前座修業という「めんどうくさいこと」をクリアーした人間同士の系譜を感じる一コマでもありました。

今ごろ天国であの二人はきっと仲良くしていることでしょう。

社会的影響力、才能にあふれている「めんどうくさい人」

さて、ここまでいろいろと「めんどうくさい人やモノ」に対しての向き合い方を述べてきました。落語の基本「オウム返し」では「共感」を、名優・長門裕之さんからのアドバイス「鏡の法則」では「まず自分の姿勢から改めよ」、「めんどうくさいの見える化、数値化=ずくなし」からは「客観性」をと、主張してきました。

「めんどうくさい」を数値化するというのは、ある面、「めんどうくさいポイントを貯める」とも意味的には一緒ですし、そのポイントが加算されればされるほど、自分に「めんどうくささ」が軽減されて楽になるばかりではなく、なおかつ「めんどうくさい人」とも円満になれるということです。

これは、私自身の修業の軌跡（奇跡でもありましたが）でもありました。また、この一連の流れは、まるで航空会社の「マイレージ」でもあります。「めんどうくさい貯金」みたいなものですな。

ここで貯金という言葉を用いましたが、萩本欽一さんも、確か同じようなことを言っていたよなあと、今ネットを調べてみたら、確かにそうでした。

萩本さん曰《いわ》く「運は自分で貯金する」ものだとのこと。「運が近づいてくるのは、お金や人間関係につまずいた時」なのだそうです。「辛いなあと思っても挫《くじ》けず耐えていると、運の貯金は自然と貯まってゆく」と。「失敗した時も、その原因を考えて、次にこうやろうと準備してゆけばそこでも運が貯まる」と。さすが天下を獲った人のお言葉、含蓄《がんちく》あります。

ここが凡人との発想が違うところでもあります。普通は「**うまくいっている時、調子のいい時」こそ「運がいい」と評価したがりますが、本質はそこじゃない**という「逆転の発想」です。

この姿勢は、「周りにいる人間が自分の才能を発見してくれることの方が多い」という萩本さんの摑《つか》んだ人生観にもつながります。同時に、「一見不本意な道こそ、ひいては、自分の好きではないことの方に、種が落ちている」とも言っていますが、これは、突き詰めれば「自分が本当に何に向いているかなんて自分では案外解らないものだ」、つまりは、「他人に対して謙虚になるべき」だということなのでしょう。

もっと過酷な目に遭《あ》いながらもニコニコと笑いながら生きている人たちが大勢い

るはずですので、大したことないのですが、私にもあの「前座九年半」という「貯金」のおかげで今があるように思えます。

その貯金を頭金にして、浦和で一軒家を買うこともできました。某銀行の融資担当者の方が大の談志ファンだったおかげで即座にローンが組めたのも、「あの、めんどうくさい立川談志のところで修業した人」だからということなのでしょう。「めんどうくさい人」と向き合ったご褒美《ほうび》というか「めんどうくさい貯金」が「満額」になった瞬間でもあったのかもしれません。

実際、うちの師匠をはじめ社会的影響力のある人は、無論才能も、そして人を育てる力もあります。萩本さんのお弟子さんである森一弥さんとは仲良くさせていただいていまして、先日飲んだ時も、「大将（萩本さんのお弟子さんは萩本さんをこう呼びます）と談志師匠、そっくりですよ」と、お互い傷口を舐《な》め合いながら分かち合いましたっけ。やはり人を見る目があるというか、弟子の個性に応じてきちんとその教育方法を変えていたようです。

関根勤さんのような「すぐに一人でやっていけそうなタイプ」は即座に自分の元を卒業させたのは、まさにうちでいう志の輔師匠タイプに当たりますし、森さんのように「徹底的にしごかれた弟子もいた」という点では、長いこと前座修業を要することになった私とも被《かぶ》ります。「カリスマの弟子」同士、本当意気投合した楽しい酒でした。

萩本さんもうちの師匠も、突然変異的にその地位を獲得したわけではありません。私たちが直面した「めんどうくさい人やモノ以上にめんどうくさい人やモノ」をクリアしてたどり着いた孤高の領域であるはずです。うちの師匠は、萩本さんのような「運は自分で貯金する」などという言い方はしませんでしたが、やや同じ匂いを感じる表現として、「客が少ない時はな、来なかった客が悔しがる落語を続けてゆけばいいいんだ」という具体的な言葉を残してくれました。

これは、「運は自分で貯金する」と同様「自力で全力でしかも前向きで目の前のことに取り組んでいれば、きっといい方向へと導いてくれる」という意味でもあります。「運は自分で貯金する」の具現化バージョンが師匠の言葉ともいえます。

大衆に寄り添うように誰にもわかる言葉を用いる欽ちゃんと、「バカはほっとけ」と、基本毒舌で「わかる奴にわかればいいいんだ」という姿勢を貫いたうちの師匠とのキャラと芸風の違いはありますが、共に一時代を築いた天才の思考法は根っこでは一緒だったのでしょう。

弟子には厳しい二人の天才ですが、修業というものは「天才やカリスマが残してくれたシステムを身体に沁みこませること」なのかなあと思った次第です。もっというとそれは、あふれ出てくる天才の「才能の巻き添え」になることを意味するのかもしれません。

業界のトップは、芸能界に限らず、カリスマ経営者などは、いきなりトップギアで部下に向かってくるような「無茶ぶり」を突き付けてくる「めんどうくさい人たち」です。

カネは無論持っていますが、もっとズバリ言うなら「才能の資産家」です。「才能持ち」でもあります。暴風雨のような軋轢の中でも必死に食らいついてゆけば、やがてその軋轢《あつれき》が、生々しい言い方ですが「カネのなる木」の種になります。つまり欽ちゃん流で言うところの「貯金」になるのです。

暗黒の前座九年半時代に師匠から頂戴した山のような小言がいまや自分の地下資源となってこうして本にもなっていますもの。私が証明しています。

すごい人ほど孤独

ずっと、ここまで書いてきて、この本は、「錬金術」ならぬ「錬人術」の本だなあといま気づきました。カネではなく人を財産として増やす本であると自負しています。

ところで錬金術とは、調べてみると、
「1、狭義では、化学的手段を用いて安価な金属から高価な金を錬成する試み。
2、広義では金に限らず金属に限らず様々な物質や、人間の肉体や魂をも対象として、それらをより完全な存在に錬成する試み。
3、スラングとして安い元手で大きな利益を上げる利権やビジネスの意味」
とのことですが、無論この場合は3のスラングに相当します。しかしまあ、世の中どこへ行っても、カネ、カネ、カネですな。

小噺《こばなし》にこんなのがあります。

ある男が「カネもうけの方法があるから一万円寄越せ」ともう一人の男に話しま

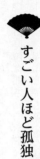

す。もう一人の男は財布から一万円をその男に渡して、「教えてくれよ」と言います。するとその男はポケットに一万円をねじ込みながら、「俺と同じことを他でやれ」。

ここでも与太郎の名言「売る奴が利口で買う奴がバカ」が生きてきますなあ。「騙《だま》す奴が利口で騙される奴がバカ」なのでしょう。カネは使えばなくなります。貯めるのは大変でも使ってなくなるのは一瞬です。

さて、翻《ひるがえ》って人はどうでしょう。人の場合は「使う」というよりも、その気にさせて上手い具合に取り込んでいくと、カネは目減りするだけですが、人はどんどんと増えていきます。「金儲け」よりも「人儲け」をすべきなのです。

いや、カネも人もきちんと「投資」という形にして、戦略を立ててゆけばやはりきちんと増えてゆくのです。そんな生きたカネの使い方を教えてくれたのは亡くなった作家の百瀬博教《ももせひろみち》さんでした。

「プライドのドン」として格闘技界でもその存在感を充分に発揮した方でした。かつて石原裕次郎さんのボディガード、赤坂の高級ナイトクラブ「ニューラテンクォーター」の用心棒も務める猛者《もさ》でもありました。そんな百瀬さんとは、師匠を通じて可愛がっていただいていたのがキッカケでした。

今から十数年前でしょうか、私が二つ目になりたての暗中模索時代、とある小劇団の舞台に立ち、役者としても活動しようとしていた時、その舞台で主役を務めていた女優さんのご贔屓《ひいき》のお客として百瀬さんは訪れていました。

千秋楽の舞台が終わり、カーテンコールの時でした。一際大きな声で「談慶！よかったぞ！」と大向こうから声をかけてくる人がいました。即座に百瀬さんとわかり、お客様のお見送りの際、ご挨拶に近づくと、「お前、いいよ！　役者もやってみろよ。笑顔がいい！　それ忘れんな！　これ、タバコ代な」となんとその場で三万円を握らせてくれたのです。芸人になってこんな扱いは初めてでした。

帰宅後カミさんに話すとにかく驚いて、「すぐご挨拶に行って！」と翌日早速、その女優さんに住所を聞いて、高級ウィスキーを持参して、南青山の高級マンションに一本独鈷《いっぽんどっこ》でお伺いしました。百瀬さんはことのほか喜んでくださり、「お前、わざわざ来てくれたのか。まあ、入れよ」と歓待してくださいました。

「昨日はありがとうございました」と手土産のウィスキーを差し出すと、豪快に笑い出し、

「ありがとな。でも俺は、酒は飲まないんだ」

「あちゃ、やべえ」

こちらが恐縮していると、

「俺んちいきなり訪れて、酒を持って来たのはお前だけだ」

と大きな手で肩を叩かれました。

「これは記念だ。ここに置いておくぞ。見ろよ、いろんな奴が俺んちにプレゼント持って来てくれるんだ」

と、たくさんの人形やらぬいぐるみやらの片隅に、見当違いの私からの贈り物を置きました。この辺の件《くだり》は、百瀬さんの自伝『プライドの怪人』の中に私の名前と共に書かれています。

豪放磊落《ごうほうらいらく》な百瀬さんのイメージの割にはあくまでもその部屋は、一部分こそプレゼントの山で埋もれてはいましたが、書斎に特化していた感が強くて本しかないような殺風景な雰囲気でした。

そんな私の気持ちを汲《く》むかのように、

「俺は普段はこんな感じなんだぜ。地味だろ。おねえちゃんが大勢いると思っただろ？　基本一人なんだよ」

私は思わず笑いながらも昨日のお礼を伝えると、

「なあ、一万円あったら、人にやっちまえよ。そうしろよ。そいつが喜ぶだろ？

いいか？　その喜ぶ顔は一万円以上の値打ちがあるんだぞ。カネはそう使うんだ。俺はそうやってきた」

説得力ある声がズシンと響きました。以来、ずっとお世話になり、玄秀盛さん同様真打昇進披露パーティの発起人にその名を連ねていただきました。その後百瀬さんは、二〇〇八年に残念ながらこの世を去ってしまいましたが、あの日のあの言葉は埋《うず》み火《び》のように私の心に灯されたままであります。

なかなかポーンと気前よく一万円を渡せるような立場になれないのが情けないところではありますが、気持ちだけは遺志をつぎたいとささやかに思っています。あの時、帰り際、「お前、いつでも来ていいよ。俺が女抱いていても、入ってこいよな」とまで言ってくれました。

その笑みの中に一抹の寂しさを感じたのですが、今思うと、この本でも最前書いた師匠の「お前、俺に何か聞きたいことはないか」というあの言葉にもつながるような気がしてなりません。そうなんです。すごい人ほど孤独なのです。**孤高の地位には自分のほかに誰もいない**のです。

だから上りつめた某野球選手やアーティストが覚せい剤などにも手を染めるのはその孤独から来る寂しさを埋めるためなのかもしれません。たとえは間違っているかもしれませんが、大女優が案外釣り合わない二流の役者と結婚したりするのも、街を歩いていてかなり綺麗な女性と、見た目がパッとしない男性とが仲睦《なかむつ》まじく歩いていたりするのも、きっと「孤独の埋め合わせ」なのかもしれません。

無論ハタで見ていてのあくまでも「個人の感想」ですから、無責任そのものではありますが。逆に言えば、人は誰でも対象者の「孤独」の穴埋めをするパズルのワンピースにはなれる可能性があるのだとも言えます。ストーカーだと誤解されない「エチケットある振る舞い方」（これは前回の本『いつも同じお題なのに、なぜ落語家の話は面白いのか』に書きました）を遵守《じゅんしゅ》し、今回この本でここまで述べてきたようなことさえ踏まえれば、チャンスはあるものだと断言できます。

天才、カリスマ、著名人、カリスマ経営者などなどトップランナーこそ孤独です。あなたがその孤独の穴を埋める合法薬物になりましょう。

自分の弱さを克服し、ビジネスチャンスも広げてくれる

本来はあたかも敵のように対立していて、逃げてばかりいるはずだった「めんどうくさい人や事」などが、この本をここまで読んできたあなたならば、まるで味方のように自分にとってメリットのある存在になっていることでしょう。

いや、味方とまではいかなくても上手に距離を取って、左右されないような付き合いはできるようになってきているはずだと信じています。師匠から怒られ続けている前座の暗黒時代、

「お前はいまは俺とはまだ価値観を共有していない時期だから、そうは感じていないとは思うがな。いいか、俺のところにいたということは将来お前の財産になるんだぞ。メリットだらけだ」

と、言われたことがあります。

言外に「そこまで言わせるなよ」という匂《にお》いも感じましたが、普通「明文化しないでもわかるだろ」という日本人らしい風情を、論理分解して、言い切ってしまう

のが立川談志の凄さでもありました。

「俺は日本教だがな、合理性を重んじるんだ」ともよく言っていましたが、「日本人ならばわかってくれるだろう」という思いで説明しないことも言語化する頭脳と知性とそして合理性のある一方、箸にも棒にもかからないようなかつての私みたいなドジな人間でも見捨てなかった日本人的優しさの両輪を兼ね備えていました。

いま天才型カリスマのその基準を愚直にも正面突破し昇進した自負があるからこそ、師匠の凄さを讃《たた》えるだけではなく、その言動が落語家としての生き方のみならず、一般のカタギの各位にもうってつけとなるものと信じる作法書がこうして書けるわけです。

談志門下での前座修業によってなし得た「精神改造」と、ウェイトトレーニングによって目下継続中の「肉体改造」で、この「めんどうくさい世の中」を渡りつつある私ですが、翻って日々を見つめてみると、後ろ盾《だて》など全くありません。

大手事務所には所属していません。有能なマネージャーもいません。スポンサーもないどころか、レギュラー番組もありません。なのに、おかげさまで浦和に新築一軒家を購入してローンを組ませていただいています（ローンが組めるという信頼は、金融機関が認めたということです）。カミさんと子ども二人を抱えて彼らにそこそこ恥をかかせないほどの生活レベルをキープしています（さすがに愛人は抱えてはいませんが）。

そして何より、こんな出版不況の中、自費出版でもローカルエリア限定でもないきちんとした商業ベースの出版で過去三冊も出し、すべてそれが重版出来《しゅったい》となり、いままたこうして能書きだらけの四冊目の本も書いているのですから、奇跡のような気にさえなります。

なぜでしょうか。それは、**師匠はもうすでにこの世にはいませんが、私の心の中には、「鬼マネージャー」となって君臨している**からかなあと思います。

この鬼マネージャー、とにかくまず私を決して褒めてはくれません。落語会や独演会で落語の出来が良くて打ち上げで機嫌よく飲んでいる時には、「俺の方が上手いぞ。まだまだだ」とけなします。ならば、師匠のやらない落語をネタ下ろしした時などはというと今度は、「俺だったら、あそこはああやるのにな」とも言ってきます。

いや、落語会のみではありません。講演会を依頼され、その懇親会でクライアント側と名刺交換している時にも、「俺のネタをうまい具合に換骨奪胎《かんこつだったい》しやがって。ま、もっとも俺も落語協会を脱退したがな」とシャレまで言ってくるのです。

さらには仕事の時ばかりではありません。地方公演が続き、久しぶりにたまの休みと昼ぐらいまで寝ていると、「起きろ。志の輔は働いてるぞ」と耳元でささやきますし、起きたら起きたで、「礼状書いたか？　お前みたいな奴に仕事を寄越してくれるんだぞ。とにかく早く書け」と、あの在りし日のペロッと舌を出す独演会でのおなじみの笑顔で訴えてくるのです。

無論、こんなことは、出来の悪い弟子の単なる妄想に過ぎませんが、師弟関係がよそと比べてかなり濃かったはずのうちの一門の場合は、特に多かれ少なかれこんな感じで先輩後輩とも、みんな「心の中の師匠」が見守っているのだと思います。だからみなさん外部マネージャーの必要もなくやっているのです。

逆に言えば、この上さらに有能マネージャーが付いていたとしたなら、とことん追い詰められているような心持ちになり、息苦しくなるでしょう。

これは前座時代が濃密だったことによる副産物に違いありませんが、「師匠なら、こんな場面はどう処理しただろう」と考えるのは、対象が落語のみならず、日常すべてにおいて当てはまると感じた時、初めてここで「師弟関係の本当の意義と合理性」が浮かび上がってくるようにも思います。

「不合理・矛盾に耐える忍耐力こそ修業」と定義した師匠でしたが、これこそが真の意味での「談志イズム」の継承なのでしょう。やはり「徒弟制度」はとても理にかなっていたシステムだったのです。

以上、決して、談志という類まれなるカリスマに接した私だけの余禄ではありません。この道で生きていこうと覚悟を決めた人ならば、必ずその世界には談志に匹敵する目指すべき先達《せんだつ》とか、天才、カリスマの存在があるはずです。そのターゲットにどんどん近づいてゆきましょう。そしてそのターゲットにあえて翻弄《ほんろう》される道を選びましょう。

以前にも書きましたが、そういった人たちほど、孤独です。その間隙《かんげき》を突くのです。天才やカリスマはほんと「めんどうくさい人」たちです。それがあるからよりめんどうくささに拍車がかかり、ますます才能を極めようとする人たちはより孤独になっていくものです。

「孤独」とは風かもしれません。ある面その人を守るべく余計なものを吹き飛ばす「孤高の地のブリザード」のようなものです。侵《おか》し難い狭い聖地に立つ人こそ天才なのです。そんな風雪に耐えながら、一歩ずつでもそばに寄ってゆきましょう。

そこで感じる痛さとか苦しさは、あなたの弱点そのものなのです。きっと多大なモノをもたらしてくれるはずです。きっとその人が将来あなたの羅針盤ともいうべきマネージャーになってくれるはずです。
それはそれでまた違った意味で「めんどうくさい」はずなのでしょうが。

「キャラ」と「芸」の和ではなく積で勝負せよ

ここで「天才」について述べてみたいと思います。どのジャンルにもどの業界にも必ず存在するのが天才です。天才であり続けた師匠は、天才の定義として、「質と量と両方伴うのが天才だ。この定義に従うと、天才はレオナルド・ダ・ヴィンチと手塚治虫先生だけだ」と言い切っていました。なるほどお見事です。

これは質と量という、師匠が天才についていう、「最高水準をキープしつつの物量を凌駕したものこそ天才なのだ」という叫びにも聞こえます。ある面、質と量ということはくっつくと「質量」、つまりは重さそのものを指しているとも言えます（やや強引なのは百も承知です）。これは「天才の仕事量」に他なりません。

ここに、私が思う、天才の思考法からみた側面の定義「天才はワープする」も付加してみたいと思います。とにかく天才は、師匠をはじめ、頭の回転、処理能力、言語のスピード、すべてが速いのも特徴です。弟子はついてゆくだけで精一杯でした。

私は凡人ゆえ即座に「解釈」ができないので、いつも、よく考えて吟味する「解析」というパターンで後から追っかけてゆくしかありませんでした。日頃の思考のみならず、言動パターンも近道するのを常に良しとしていました。

また、ましてや江戸っ子、東京の裏道という裏道などすべて頭に入ってるような人でした。私が助手席でナビを担当し、弟子の運転で師匠を車に乗せて仕事場に案内する時なども、「そこ右に曲がれ」「次は左」など、すべて誘導していました。ある日師匠が「そこ真っ直ぐ行け」というので行こうとしたところ、「進入禁止」の表示が。「師匠、ここ進入禁止です」と私が言いますと、「いいんだ。俺が行けと言ってるんだ！　短い道だ。向こうからは来ていない。さっさと行け！」。師匠が行けというので中に入った途端、案の定警察官がやってきました。即座に窓を開け、かけつけた警察官に向かって私と弟子を指さして、「すみません！　こいつたちが大丈夫だというんで間違って入っちまって。おい、このバカ、警察官さんに謝れ！　謝れ！」と怒り出しました。

警察官は立川談志だとわかるとやや当惑しながらも、「じゃあバックで誘導しますから、お気をつけて」と愛想よくやり過ごしてくれました。師匠がにこやかに礼を述べ、警察官が去って行くのを見届けると、「な？　ああやれば見逃してくれるんだ。警察官には愛想よくな」と茶目っ気たっぷりに笑いましたっけ。

話は逸れましたが思考ならず言動も常にショートカットをし続けた人でした。「またお前は俺とのエピソードを語りやがって。しかも少し盛ったな。今度墓前に上納金持ってこい」との声が聞こえてきそうでもありますが（笑）。

さて、この師匠の定義「天才とは質と量とを伴うものだ」と、私の定義（なんだか偉そうですみません）「天才はワープする」が出そろったところで、ここに、同じような天才と謳《うた》われたアインシュタインのあの公式を持ってきます。

ご存じ「$E=mc^2$」ですな。これは、エネルギー（E）イコール質量（m）×光速度（c）の2乗、つまり「エネルギー量と質量は比例する」というあれです。「質量とエネルギーの等価性とその定量的関係」を表した「特殊相対性理論」の帰結として発表されたものです。

この数式、右辺が、ちょうど「速度＝私の考え」と「質と量＝師匠の定義」との積で表されるような気がしませんか？　天才の思考はまさに高速どころか光速に近いものがあります。極論ですが、つまりこの数式は「天才」そのものを意味しているとも思えるのです。いや、そうとしか見えないのです。

どんな業界もこういう式で表されるような天才の圧倒的な熱量で廻っているのだ

と仮定した場合、私のような凡人なんぞ太刀打ちできません。じゃあどうすればよいのか。太刀打ちというような「相まみえる」っぽい「戦いを挑む」という対決姿勢ではなく、天才に影響を受けつつ、自らもせめてせめて成長してゆきましょうというのがこの本の主旨なのです。

第三章で考察したのが与太郎流「キャラ」の磨き方です。そして第四章で主張したのが一八流「芸」の磨き方です。この「キャラ」と「芸」を足すのではなく、掛け合わせてゆくのです。和でなく積という心意気で対峙してゆくしかないのではと思います。

与太郎のように「愛されるキャラ」になろうと努めることはボケに徹することを意味します。ボケとはひいては「受け止め力」、つまりは「守備力」をアップさせることです。また、一八のような幇間芸《ほうかんげい》という命がけの処世術（いわゆるツッコミ）を身に付けることは、「機先を制するメリット」、「覚悟のゴマすり力」、つまりは「攻撃力」をアップさせることを意味します。

この二つを単発的に繰り出す（和）のではなく、同時進行的に処理してゆく（積）ことこそが、凡人の生きてゆく力なのだと思います。冷静に自分を見つめれば、「ボケ型キャラ」か「ツッコミ型キャラ」かは把握できるはずです。近しい人に聞いてみればすぐわかります。

自分がどちらかが判明すれば、後はその足りないところを磨いていけばいいだけの話です。つまり、**ボケ型キャラならば「ツッコミ型キャラ」を「スキル」として磨き、ツッコミ型キャラならばそこに「ボケ型キャラ」を「修業」して加味してゆけばいい**のではという提案なのです。

「守りながらも攻めの機会をうかがい、攻めながらも守ってゆく」

そんな感じでしょうか。イメージ的には「核分裂」よりも「核融合」であります。「分裂」や「反発」から来るエネルギーよりも「融合」や「融和」した時にこそ信じられないパワーを発揮するというのは、物理学の世界に限定したものではなく、人間関係の力学にも応用できる汎用性の高い理論なんだと思います。

うーん、深すぎですなあ。こうなるとなんだか宗教的にも感じます。「物理は仏理」というわかりやすい地口《じぐち》オチをここに持ってきますね。

「弱みを握る」という間柄

ある面、天才というその「居場所」は、神からのみ許された指定席なのかもしれません。この本では「人は味方と居場所を常に求めている」とも書きましたが、そんな猛吹雪の吹き荒れるすさんだ空間にのみ居場所を余儀なくされる天才とは、かくも過酷な環境で棲息《せいそく》せざるを得ない悲しい生き物なのかと察します。つくづく自分は凡才でよかったと思います。

真打になったばかりの頃でしょうか、師匠とサシ飲みをしたことがありました。場所は師匠が長年通い慣れて心底愛していた銀座の「美弥」というバーでした。ここは、師匠が月例ひとり会を国立演芸場で開催していた頃、必ず打ち上げで使っていた場所でもありました。

ここで座って飲めるというのは身分的には二つ目以上という厳然たる階級社会がそこにありました。前座はそこでは師匠をはじめお客さんの水割りを作るなどの下働き要員でありました。今でも覚えているのが、十数年も前のことでしょうか、二つ目昇進を週末に控えての師匠の独演会が有楽町マリオンであり、お披露目の会への出演依頼も兼ねて挨拶に行きました。

数日後二つ目となるはずの私でしたが、身分的にはまだ無論前座でしたので、やはり打ち上げ場所の美弥でも細々と動いていました。するといきなり師匠はこう言いました。「おい、お前には、特別にフライングを許してやる」。弟弟子もいたせいか、師匠は二つ目待遇として美弥での着席を特別に許可したのです。

そして、機嫌もよかったのでしょうか、「飲めないわけじゃないだろ、ほら」となんと私にビールを注いでくれたのでした。震《ふる》えながら師匠から受けるビールグラス。実に足かけ九年半、長きに渡る実質的な前座生活へのピリオドを師匠が打ってくれた格好でした。

なんの変哲もないキリンラガーの瓶ビールでしたが、途轍《とてつ》もなく旨《うま》い味わいでした。「まさにホロ苦。俺の人生そのものだなあ」と悟ったのをいまだによく覚えています。

師匠ファンの現・フリーアナウンサーで当時はフジテレビのアナウンサーだった山中秀樹さんもそこにいて、「そっか、じゃあ二つ目昇進の前祝いだ」と居合わせた談志フリークらと乾杯という流れになりました。「美弥で初めて座って飲めた日」。大したことでもないことのように思えますが、「いつかここで座って飲める日を迎えるんだ」と、入門したばかりの頃、二つ目以上の兄弟子各位の酒を作りながら思ったものでした。

話は元に戻ります。

それから数年経ち、師匠と一対一で飲む日のことです。取り巻き各位も早々に帰ってしまい、狭いお店は客としては私と師匠しかいないという空間になりました。私も帰ろうと身支度を整えようかと思ったのですが、「お前、もう一杯だけ付き合ってくれ」と切り出されました。

まるで古女房のような会話ですな。私は、カウンターの師匠の隣に座り直しました。「お前にこんなこと言っても仕方ないんだがなあ」。あの頃好きだった黒ビールを普通のビールで割ったのに氷を浮かべたやつを一口すすりながら、こう言いました。

「気がつくとな。マンションの屋上にいるんだ。で、耳を澄ますとな、どこからか声が聞こえてくるんだ。『おい、談志。もうお前は充分にやっただろ。足を踏み外してこっちに来ちまえ。楽になるぞ』とな」

淡々と「自殺願望を肯定化」するかのようなことを言い出したのです。

「で、俺もついその気になって、身を乗り出そうとすると、止めにかかってくるヤツがいる。よくみるとそれがな、ポール牧なんだ。ははあ、なるほど、あいつはこうして俺に向こうの世界から恩返ししているんだなあ」

ただ聞いて、おとなしくうなずくしかなかった私でした。このエピソード、一冊目の本にも確か書きましたが、改めて今思うと「天才の慟哭」にしか思えないのです。

この話を後日、談春兄《あに》さんの会の打ち上げで兄さんに伝えました。

「で、お前、その時、師匠になんて言ったんだよ」

「いや、兄さん、重すぎて。私は、『さよう、さよう』『ごもっとも、ごもっとも』としか言えなかったですよ」

談春兄さんは、大笑いして、

「バカだな。与太郎じゃねえか」

と言いました。そうなんです。この時の私の応対が「ろくろ首」という落語の中の与太郎のセリフそのまんまでした。一緒にその場にいた当時立川流顧問の吉川潮先生も爆笑していましたっけ。これは奇しくも最前第三章で述べた「ガミガミ型には与太郎対応を」を地で行った形でした。

はてさて、ここからはまたまた後悔ですが、確かに自らが推奨《すいしょう》する応対とはなりましたが、あの時どんな声を師匠にかけたらよかったのかなあと今でも思うのでありります。まさか、「人間だもの、つらいものなんだよ」なんて相田みつをみたいな言葉をかけられません。師匠がこっそり打ち明けてくれた弱みに対して、あくまでも師弟関係をキープした上で、そのプライドを傷つけることなく、元気にさせるというかほっと笑えるような言葉があったらよかったのになあと思うのみであります。

ま、一つ嬉しかったのは前座の頃はまるで使えないような私が、やっと師匠に「弱みを握らせてもらえる間柄」＝「価値観が同じ」と認識されたということでした。孤独に耐えうる者だけが座ることができる天才の領域は、かくも孤独なのです。

翻って、「この三つは普段から会話では出すべきではないこと」と話芸の達人・徳川夢声先生も喝破《かっぱ》した「愚痴・悪口・自慢話」の三つを、そのターゲットに言わせてしまうのは、「弱みを握る」という立場になるための高等テクニックでもあると言えます。

人間関係で究極の主体となれる立ち位置が、ほんと言葉は悪いのですが「弱みを握る」ことではないでしょうか。人は自分の弱みを握っている人には優しくせざるを得ませんもの。そのためには、同時に「**自分も弱みを見せる」という姿勢が大切**なのかもしれません。

第四章でこの本でも書いた秀吉に対する曽呂利新左衛門がそれに当たるかと思います。御伽衆《おとぎしゅう》という、いわば自分の弟子のような存在だったから、上の立場である秀吉は新左衛門の弱みはハナから握っていたはずですし、そしてそんな間柄から新左衛門も、じわじわと秀吉の心を摑むに至ったのでしょう。

これは恋人同士でも、夫婦間でも、友人関係でも、上司部下の間柄など、濃密な関係性にある当事者同士の間の究極の距離感かと思います。ま、そんな話をここで披露している私を天国から見たら、「また勝手に言ってやがら」ってことなんでしょうけれどもね。

師匠の一振る舞いに対して、弟子がこんなたっぷりの言い訳も交えた論評めいたものが書けてしまうことこそ、「談志の人心掌握術は天下一品だった」という何よりの証明でもあります。やはりいまだに師匠に弱みを握られたまんまの私です。

落語は「ほめ」から入るコミュニケーションだ

落語と講談。似て非なる話芸の双璧ともいえますが、一番の違いは支持層でしょうか。庶民の処世術として機能した落語に対して、講談は主として武家階級に「その生き方をレクチャー」するかのように定着しました。

落語はもうこちらでも何度も言っていますが「人間の業の肯定」というように庶民＝被支配者階級に「人間はダメなものなのだ」というガス抜きとしてもてはやされます。一方の講談は、武士の素晴らしさ、ひいては家康の功績をたたえるものとして発展します。わかりやすい言葉が「武士は食わねど高楊枝」です。

つまり支配者階級たる武士のかような矜持《きょうじ》をわかりやすく伝えるための具体例として広まります。「腹減ったら食うなと言われても食っちまうのさ」というのが被支配階級たる庶民の間で愛された落語ならば、武士の生き方の尊さを声高に訴えたのが講談です。

だから語り口も落語がソフトな笑いを求めるのに対して、講談はハードに畳み掛けるように謳いあげます。落語が、人間の「業」の肯定ならば、人間の「剛」を肯定するのが講談なのでしょう。

ともに江戸時代のコミュニケーションツールとして重宝がられたのですが、相互に影響を与え合うように、また相互に補完し合うように発展してゆきました。

師匠はしみじみと「俺は講釈師になりたかったんだよな」とつぶやいたことがありました。リズムとテンポとメロディを極める話芸が講談の魅力です。そちらの世界に行ってもきっと天下を獲っていたはずだと確信します。

さて、庶民の処世術として大衆に支持された落語ですが、そこには人に対する距離の取り方への英知が詰まっています。「上のものにさからうなよ、とりあえずあやまっちまえ」「言いなりになっていろ」「ヘイヘイ、お怒りはごもっともさまでございます」なんてセリフはいろんな落語のいろんな場面で出てきます。

「人間の弱さ」を前提としているせいか、「人間は弱いもの」としてかばい合い、それを分かち合うように物語が展開してゆきます。ゆえに、基本「ほめると人間は気持ちよく感じる」「ほめられると人間は弱い」というところを突くような噺《はなし》が多いことに気づきます。

与太郎が叔父さんの家の牛をほめに行く「牛ほめ」、八五郎がご隠居さんから子どものほめ方を教わりほめに行く「子ほめ」などをはじめとして、「鮑熨斗《あわびのし》」「高砂や」「松竹梅」などなど。「ほめが基本」となっています。

ここでいま、「ほめが基本の究極の落語」を取り上げます。それは「文七元結《ぶんしちもっとい》」という長編人情噺です。意外と思われる方もいるかと思いますのでまずストーリーから解説しましょう。

腕はいいのに酒と博打《ばくち》に明け暮れている左官の長兵衛を何とか立ち直らせようと娘のお久が自ら佐野槌《さのづち》という吉原の大店に身を売ろうとします。

これにほだされた佐野槌の女将が、長兵衛を呼んで「来年の大みそかまでに返せば娘は店に出ることなく綺麗な身体のまんま帰す」と諭し、五十両を貸します。それを懐に入れ帰る途中の長兵衛は吾妻橋から身を投げようとしている大きな商家・近江屋の手代、文七を助けます。

「五十両ものカネをすられた。死んでお詫《わ》びをする」といって聞かない文七に長兵衛は娘が身体を売ってこしらえたはずの五十両を渡します。「娘は、女郎になっても生きていられる。おめえは死んじまうんだろ、死んじゃいけねえ」と（ここが一番の泣かせどころです）。

文七がその金を店に持って帰るとすられたと思っていた五十両はただ置き忘れて

きたことが判明します。おどろいてわめきながら吾妻橋での顚末《てんまつ》を主・善兵衛に打ち明けます。善兵衛は「娘を売って得たカネを見ず知らずの若い者の命を助けるために惜しげもなく渡す心意気」に惚れ込みます。

翌日、文七を連れて長兵衛宅を訪れ、長兵衛に文七の親代わりになってもらうこと、近江屋と親類付き合いをする約束を取りつけ、そこに近江屋が身請けをし、無事佐野槌から帰してもらったお久を長兵衛夫婦に引き合わせて大団円。

「この後、文七とお久が夫婦になりまして麴町貝塚に小間物屋を開きます。そこでこしらえた元結に文七元結と名付けたところ、大層繁盛したという江戸名物文七元結由来の一席でございます」

と落とします。

「ほめ」が落語の基本と言いましたが、いわば「ゴマすり」です。「他者の気分をよくする行為」とも言い換えられます。要するにもっと漠然とした言い方に直すと「相手への評価」という意味でもあります。誰だって評価されたら気持ちよいものです。

いささか飛躍はしますが、この「文七元結」は五十両という大金で、登場人物たちのその真意や心模様が隠されていますが、「みんなで相手を最大評価しようとしている」という意味では究極の「覚悟を決めたゴマすり噺」とも言えるのではないでしょうか？

こんな「発見」は手前味噌ですが、「文七元結」に対する、亡き師匠に「ほめてもらえる新解釈」だと確信します。「文七元結」の感動の原点はここなのです。それは登場人物それぞれが「命やカネという大事なモノを賭けて相手を評価する。つまり広義の意味でのゴマすり」という具体的行為に表されます。

お久は「長兵衛を立ち直らせる」という賭けに出て自らの「命を懸《か》けて」佐野槌に身を売ろうとします。そんな彼女に惚れた女将がやはり「長兵衛を立ち直らせる」という賭けに出て、「期限付きで五十両を渡す」というやはり「命がけ」のことをしようとします。

文七は、紛失したと思った金に命を懸けようと吾妻橋から飛び込もうとします。それを「娘が身体を売ったカネ」で助けようという「命がけ」の行為に打って出ます。この長兵衛の心意気に惚れた近江屋善兵衛が、酒と博打に明け暮れていたはずの見ず知らずの長兵衛と親類付き合いをするという「命がけ」のような行為に出るのです。

つまり「登場人物全員が命を懸けて讃《たた》え合っているという構図」が根底にあるの

です。聞いていたお客さんはそこに涙を流すのではないでしょうか。かなり強引な感は否めませんが、一気通貫であることは実感できますし、鮮やかで新しい文七元結の味わい方ではないかとひそかに自負しています。

この噺は、江戸落語中興の祖・三遊亭圓朝《えんちょう》の作です。幕末の薩長土肥のお役人たちが、圓朝に向かって居丈高な物腰で「お前、江戸っ子というものを落語にしてみろ」と言い放ち、そのアンサーとして圓朝がこの落語をこしらえたという説もあります。

「お前たちに蹂躙《じゅうりん》された格好の江戸だが、どうだ、この噺が江戸の凄さだ。わかるか⁉　これがわかるのが江戸っ子なんだよ」という圓朝の気概が込められていたのでは、ともつい想像してしまいます。

「みんなが気を使って気持ちよくゴマをすり合って、みんなが評価されて生き生きしているのが江戸なんだ」という、この平成の御代に炸裂《さくれつ》した圓朝作のまるで「時限爆弾」のようにすら思えます。

感動長編人情噺の原点は「覚悟のゴマすり」だったのです。「江戸の風」、吹きましたよね？

第七章

この「対応力」をビジネスに活かす！　恋愛に活かす！

「めんどうくさい」の正体とは

さて、いよいよこの本も最終章へとやってきました。

今回この本を書くに当たって、ずっと「めんどうくさい」と言われる人やモノ、そしてコトたちと向き合ってきた格好となりました。本当にめんどうくさかったです（笑）。

小噺《こばなし》にこんなのがあります。

「めんどうくさがり同士が集まって、みんなで何かをやろうと、会を開こうと決めた。結果、めんどうくさくなってやめた」

そのまんまですな。予定調和という（笑）。この言葉の魔力というか、自ら発信した途端に何もやる気がなくなりますし、誰かが発しているのを聞くと、つまり、「めんどうくさい」という言葉を受信すると本当自分まで巻き添えを食ったように、めんどうくさくなってしまうのです。

ある面、「自己防衛」のための言葉かもしれません。肉体と精神とを守るためのバリアとなり得るものなのでしょう。これは他者からの言動を防いでくれる便利なものではありますが、一方で自らの成長を妨げる外枠みたいな存在になってしまうということをここまで長々と述べてきました。

この微妙さがますます「めんどうくさい」を「めんどうくさい」ものにしてしまっているようにも見えます。果たして「めんどうくさい」の正体とは一体なんなのでしょう。

私はここまでいろいろ師匠の言葉や定義、落語などから総合するに「摩擦」ではないかと思っています。なるほど「摩擦」とはめんどうくさいものです。それがなければもっとすんなり行けるのになあと思うものの総称が「摩擦」であります。

物理レベルでは「めんどうくさい」が摩擦なら、実社会レベルに落とし込むと、摩擦とは「手順」や「手続き」に相当するものかもしれません。

では、よく物理学での仮定でも出される問題ですが、この世の中から摩擦がなくなったらどうなるのでしょうか？　まず歩けません。いや、服も着られないでしょう。山なんかは崩れて液状化するでしょう。あら、パソコンも打てません。さらによく考えてみたら、セックスもできないことになります（笑）。

つまりは、人類はこの世に現れないということにもなりますな。「摩擦がない場合、世の中どうなるのか？」というテスト問題が出たとしても、鉛筆で答えを書くのにも摩擦が必要なわけですから、答えは書けないのが正解というパラドックスが生じるでしょう。

同様に世の中から「手続き」や「手順」が消えたらどうなるのでしょうか？　私が今ここにいるのは「立川談志という天才落語家のそばで前座修業をクリアーしてきたから」という、お墨付きというか「手続き」やら「手順」を経ているからと断言できます。

その前提条件がなくなるのですから、誰もが手続きや手順を踏まずに落語家になれてしまう時代の到来となり、私のみならず私を含めたプロの落語家がほとんど路頭に迷うのは目に見えています。言い換えれば我々は「めんどうくさい手続きや手順」に守られているのです。

それを天才ゆえ直覚した師匠が「江戸の風」を唱えて弟子たちには異様に歌舞音曲に取り組ませたのでしょう。かような守られた空間がないと芸は育めないという、それほど敏感なものなのだとも言えるのです。

「めんどうくさい」とは摩擦であり、手続きや手順であり、一概に完全否定もできないけれど、逆に完全肯定もできない非常に「めんどうくさい」ものだということがよくわかりました。

だからこそ、逐一心を込めて対応しなければならないものだというのが、この本の主旨と言っても差し支えないはずです。要するに「機械的な応対ができないデリケートなもの」なのです。それを「一つずつ吟味する生活を嗜《たしな》みなさい」というのが昔からの先人の教えだったり、親父の小言だったり、おばあちゃんの知恵だったのです。そしてそれら全てを包括しようとしてきたのが宗教なのかもしれません。

ところでいまここで手順、手続きと言いましたが、つくづく人生とは「順番待ち」ではないかなあと、五十歳を過ぎてとみに思います。

「自分より大したことのないと思えるようなヤツが自分より脚光を浴びている」なんて状況は、私自身も若い頃は「絶対許せない！」とばかりに気合いを入れて自らを励ましたものでした。無論いまでもそうです。

だからこそ本という、自分の主張やら妄想を、一字一句積み上げてゆくめんどうくさい作業と向き合っているのです。根底では、そんな気持ちと「まだまだ俺は世間的には無名だ」という強迫観念とで前進している日々です。

いや、芸人のみではありません。ある面サラリーマン各位なんかもっとシビアかもしれません。学生時代は「銀行は大量に採用してくれるからいいよなあ」と思ったものでしたが、支店の数より多い人数が採用されていることをふと思うと、どう考えても「支店長になれない人の数」の方が多いわけですから、それから先の競争、内部の軋轢《あつれき》たるや大変シビアなはずと察します。

どの世界も厳しいのだなあと思うと、逆に「自分だけ苦しいのではないんだな」という気持ちにもなれます。みんな一緒なんです。そこでこう考えることにしました。「先にうまい具合にスイスイ進んでいる人間は、才能の有無というよりも、順番が俺より先だったのだ」と。「順番」のせいにしてしまうのです。

ただここで大事なのは自分を甘やかして何もしないことではありません。近い将来、必ず来るであろう自分の順番までの「順番待ち」の間に、(待ち時間を使って)、「ひたすら自分の才能を磨くことに傾注すべきではないのか」ということなのです。

月末の銀行のATM、流行っているラーメン屋、お盆の帰省ラッシュのみではありません。「**人生自体が死ぬまでの待ち時間**」なのです。そう考えると、ただのんきに待っている時間もムダには思えなくなります。時間は貴重なのです。

ただ漫然と飛躍の時を待つのではなく、その間に、本を読んだり、人と会ったり、いい映画を観たり、あるいは天才のそばで振り回されたりと、「ヒマな時間ほど忙しい」という、めんどうくさいパラドックスな状況を積極的に作り出すべきなのです。

作家の坂口恭平さんも以前どこかで言っていました。「後から来る人間は不気味になればいい」。その通りだと思います。「後発部隊に、おそろしく不気味なヤツがいる」とその業界の中で評判になれば、トップからはきっと注目されるはずです。

その地位が上になれば上になるほどやはり孤独で不安なのです。そこを突くのです。チャンスは必ず訪れます。有意義な待ち時間を一緒に過ごしましょう。

ビジネスも恋愛も「めんどうくさい」ことだらけ

「めんどうくさい」とは摩擦であり、その具体的な例として手続きやら手順やらを挙げてきましたが、草食系男子という言葉が流行するのは「恋愛」というものを「めんどうくさい」と認識して距離をおくか、もしくは拒絶している若い男性が増加しているという何よりの証拠のように思います。

文明の進歩が手続きや手順をカットするものとして機能した結果、一番手続きや手順の必要な人間関係の根本である恋愛にも二の足を踏むようになってしまっているなんて、なんだかもったいない気がします。「めんどうくさい慣れ」はここでも必要なのだと思います。

ビジネスも恋愛も同じです。共通テーマは「モテること」と言い切っていいはずです。サラリーマンが売り上げをあげようと必死に努力するのは、「モテている」という指標がノルマや予算などの数字そのものだからです。

コマーシャルは必死にモテ商品＝ヒット商品を作ってそれをさらに売ろうとして

います。出版社もそうです。ベストセラーという「モテている本」を編み出すために、作家や書店とグルになって戦略を練り、販売促進やその展開方法を考えだすために早朝から深夜まで動きます。

「家族のために」と黙々と仕事場に籠《こ》もるタイプの職人さんとて、「家族に好かれたい＝モテたい」という思いで仕事に精を出します。「モテる」という意味を、「あらゆる人に好かれる」という風に押し広げると、人類の歴史は、対異性のみならず「モテたい！」と思い続けてここまでやってきたといっても過言ではありません。

そのための「喋《しゃべ》り」というツールとスキルを落語家に学ぼうというような主旨で前著『いつも同じお題なのに、なぜ落語家の話は面白いのか』を書きました。

フジテレビ「エチカの鏡」などにも出演し、「本のソムリエ」として良著のみを扱った本屋さんを江戸川区篠崎で展開する「読書のすすめ」店長の清水克衛《かつよし》さんは、前著の店内POPとして「彼氏・彼女出来ます！」と段ボールに無造作に書いたものを使っていました。

まさにその通りです。そのために書いた本でした。さて、「モテる」という言葉を、敷衍《ふえん》させて「あらゆる人に好かれたい」とした場合、ここはやはり「女たらし」ではなく「人たらし」を目指すべきです。

「対女性限定」の「女たらし」は、侮蔑《ぶべつ》語でありますが、その枠が広がった「対人類」となる「人たらし」は一気に尊敬語となるから不思議です。言葉は悪いかもしれませんが、キリストもブッダも「最高級の人たらし」だったとも定義できます。こちらをやはり目指したいものです。

自分自身五十歳を過ぎてそんな気持ちが日増しに高まりつつあります。無論今でも正直若い女性にもときめくことはありますが、それ以上に芸人として、女性のみならず、小さな子どもから、ご年配の方々まで、楽しませたい、笑わせたい、気に入ってもらいたいと必死であります。

やはりビタミン剤と同じく、ビタミンCばかり専門に取るというのではなく人間関係もマルチで摂取しなきゃ身体に悪いのかもしれません。そう考え始めた頃から、落語会にも若い女性のお客様が増えてきました。

自分でいうのもおかしいですが、芸も昔に比べて向上してきて（いや、そうでないと困ります）、全体的にお客様が増えたということもありますが、若い時ほど気合いを入れて女性に声掛けもしていないのに、であります。

唐突でありますが、漁業に置き換えてみます。若い時は、落語会の集客に限らず、力にまかせて女性を追い込んでの「かつおの一本釣り漁」のような荒々しい漁業でした。そして釣果《ちょうか》もなく落ち込む日々でした。それが、「対全人類型」とも言うべき「地引き網漁」に徐々に切り替えたところ、なんだか釣果も上がってきました（その最たる例が十数年前に口説き落とした今のカミさんです）。

この姿勢は、「人生は待ち時間」とも言いましたが、体力の低下とともにそうせざるを得なくなったのですが、「攻め」から「待ち＝守り」への転換を意味します。

やはり女性も人生の幸運（ビジネス）も、追いかけまわすものではなく、待つもの。「人生は待ち時間」なのですな。女性は弱い性ゆえ、「追いかけられる」＝ストーカーを直感そして予感します。非常にデリケートです。

もしあなたが初対面の女性でドンピシャの方と遭遇する僥倖に接したら、「最低限ストーカーにはならないお墨付き」をまずもらうべきなのです。「安心感」を訴えるのです。

「安心感」を与えるために、非常に高度な作法ですが、むしろ「素っ気ない雰囲気」を漂わせる方が得策なのです。

まずは野球でいうなら「塁に出ること」。ビジネスも同じかもしれません。「果敢に打って出る」のはチャンスになってから。まずはランナーを塁にためてからなのです。「人たらし」になるということは、野球でいうなら、「どんな球でもファールで食いついてゆく姿勢」でしょうか。「全球種対応しよう」＝「全人類を愛そう」という点で結びつきますよね。何より、まず「安心感」を男性に求める女性は、「老若男女すべてに愛される人たらし」を、いともたやすく受け入れやすいものなのです。ビジネスもそうだと思います。

まず塁に出ることは、チャンスを広げるという意味に他なりません。ずるい言い方をすれば、「女たらし」になる前に「人たらし」になりましょうということです。いや、もっと身もふたもないえげつない言い方をすれば「女たらし」を誤魔化すためにまずは「人たらし」になるべきなのです。「狼」になる前にまず「大神（おおかみ）」になりましょうよ。これって、「恋愛」のみならず「ビジネス」をはじめとするありとあらゆる場面に応用が利くはずです。

人生のしくじりの全ては「最初にスケベ根性を出してしまうから」という教訓でもあります（実際自分はそうでした）。「大神」の如く、穏やかな宗教的な精神で、己の野獣性を隠すのです。相手のみならず、まず自分を「焦《じ》らす」のはあらゆる状況に当てはまるかと思います。この本を通じて学んできたあらゆる「めんどうくささへの対応力」で、まず己を大神のようにセルフコーティングし、然るべき時を待ちましょう。

どうして女性ってめんどうくさいのか？

前項では、「最低限ストーカーにならなければいい」と、まずは消極的ではありますが、対女性関係の一条件について書きました。ホームランを狙う前にまず塁に出ましょうということです。

私、落語家になる前に勤めていたのがワコールという女性下着のリーディングカンパニーでした。男女比が３：７という女性が圧倒的に多い、今考えると夢のような環境の会社でした。

ここで培った女性に対する接し方の一番の哲学は、「とにかく、お目当ての女性がそこにいたとしても、すべて公平に接する」ということです。社内便でメッセージを送る際も、基本すべての女性社員には、同じ行数で送ったものです。今の時代ならば、メールの返事の行数まで徹底しようということです。

ワコールの場合、その商品の特性上、男性社員が店頭に立って販売することはできません。女性に嫌われてしまったら、それは「死刑判決」を意味します。とにかく女性は、「一度嫌いになったらもうおしまい」です。男性は何度蹴飛ばされてもある程度リカバリーさせてもらえる許容があります。

落語「紙入れ」は、お得意先の奥方とデキてしまった若い手代の苦悩がユーモラスに描かれていますが「お得意先の旦那をしくじっても、おかみさんだけはしくじったらダメなんだよな」と独白する場面があります。これは真実です。

私も師匠は山のようにしくじりましたが、おかみさんが何度か優しくフォローして窮地を救ってくれたことがありました（ホント皆さんに支えられていたのです）。

女性が「一度嫌ったらおしまい」なのは、これは仮説ですが、「有限性のある卵子」を抱えた性だからではないかと思っています。女性は数少ない卵子に見合う男性を常に探しています。それに対して男性は「無限性に近い精子」をバラまきたい存在です。責任と無責任というシンメトリーでもあります。

だから女性は昔のことをよく覚えているのです。記憶を刻み込むことで「安全性」を確保した性と、記憶を水に流して常にリセットして「刺激性」を追求した性との違いなのであります。ゆえに、最前述べたように何を差し置いても「安心感」を要求するのが女性なのです。

一冊目の本にも書きましたが「最良」を選ぶ女性と「最多」を狙う男性とのギャ

ップでもあります。これが「浮気」につながるのでしょう。過去を「上書き保存」する女性と、一方過去を「名前を付けて保存」する男性という分け方もなるほどと思います。

ほんと、こうして書いているだけでもめんどうくさくなるので、つくづく女性は「めんどうくさいなあ」と思いますな。ま、もっとも向こうにしてみれば、「男性の方がもっとめんどうくさいわよ！」と必ず言うに決まっているのでしょうが。永遠にわかり合えない存在なのでしょうな、お互いに。

さて、その「ストーカーにならないための方法」ですが、もともと男性はその狩猟本能からストーカーになりやすい傾向があると、前著で書きました。

また、この日本という国は、「真面目」「一生懸命」「律儀」という心構えを異様に尊びますが、そんな日本人的な気風もストーカー事件増加の原因の一端であるのではと私は思います。「真面目」な人ほど、思い込みが激しくなるものです。

プラスに働いている場合は、それは仕事面などでは一生懸命＝美徳という評価につながります。が、一旦それがリズムから逸《そ》れた場合、歯止めが利かなくなり、とことん悪い方にまで突き進んでしまうという危険性も孕《はら》んでいます。

私は経済の専門家ではありませんので偉そうなことは言えませんが、日本の経済が上昇のきっかけをここ三十年なんだかつかみ損ねているのは、その生来の「生真面目さ」によるのではないかとも思っています。

同様に、ストーカーを生み出す病理は日本人のそんな従来からの体質かもしれません。これに対する処方箋は、無論専門家のアプローチにこそゆだねるべきではありますが、ここはひとつのコツとして「別れ上手」になることだと思います。

だいたい世の中、「出会い」ばかりを優先しすぎていますよね。新学期になれば「新たな出会い」だの、結婚情報サイトでは「まだ見ぬ出会い」、転職情報誌では「未知なる出会い」などなど。いやはや「出会い」のインフレ状態でもありますな。「出会い系サイト」はありますが「別れ系サイト」はありません。結婚式は挙げるけど離婚式はめったにやりません。一方的に「出会い」のみを尊重しがちな風潮なのですが、元来「出会い」と「別れ」は一対です。世の中かような「出会い過多」状態が慢性化しているのですから、「別れを許容できない人」が現れてくるのは必然のような気もします。

そしてその中のごく一部の人たちが、先鋭化してストーカーになるという流れも納得できるのではないでしょうか。私もいままでたくさんの出会いと別れを経験してきました。

いいえ、対象は何も女性ばかりではありません。「レギュラーで定期的に頂いていた仕事がなくなったこと」など死活問題に直結するような「別れ」もたくさんありました。正直その瞬間は怒りやら挫折やらを感じたものです。事務所に入っていないのでそのショックは尚更でもありました（どこまでも芸人は無力であります）。

でも、やはりその度に、「別れたからこそ新しい出会いもあるもんだ」「もっと有名になってやる」「見返してやる」と、いままで使ってくださったことには無論感謝しつつも、開き直ってここまで来ました。

「別れは人生のアップデート」です。きっとこれは、プログラム更新だと前向きに思いましょう。「一度こじれたらもう後戻りはできないのが女性とビジネス」とわきまえて、ダメになったら次に行きましょう。

コミュニケーションで一番大事なのは「安心感」

モテるというのは、とどのつまり、「相手の心のスキマに入ること」を指します。つまりモテる人とは「スキマ入り上手な人」とも言えます。人気芸人がモテるのは女性とのそんな形での距離の取り方が上手いからであります。

親しくさせていただいている方で、「この人はバリモテるなあ」と思うのは、ズバリ、木村祐一さんですな。これは私の持論ですが、お笑い芸人がモテるのは、女性を笑わせて「子宮を揺さぶっているから」と考えています。

女性が「面白い人が好き」というのはかなり肉感的なことを言っているとみてほぼ間違いありません。数多くの人気芸人さんたちが、モデルや女優さんなどの美女と結婚しているのを見れば明らかでしょう。笑いで敏感な箇所をピンポイントで攻めているのですからこれはたまらないはずです。

さて、キム兄こと木村祐一さん。まずこの「キム兄」と、仲間内や後輩から親しみと敬意を込めて呼ばれていることだけでも、女性側からしてみれば、「友人、仲間、後輩に慕われているんだなあ」とプラスに受け止めてもらえる点で非常にポイントが高いのではないでしょうか？

何より男性に対して「安心感」を求めるのが女性と今回何度も申し上げてきたように、もうこの時点ですでに高ランクに位置しているのです。「あだ名は人徳」なのかもしれません。

あだ名って、自分では基本的に指定できないものです。自然発生的に周囲からそう呼ばれるものです、それを許してしまうという人間的度量がないとある意味実現しないものでもあります。でないと、まず定着しません。この時点でポテンシャルがすでに高いのです。

自分もそうでしたが、木村さんの、お会いしてすぐに打ち解けてしまうその間合いの取り方は声のトーン、物腰、佇《たたず》まいなどなどすべてにおいて抜群でした。以後一緒に飲む度《たび》に実感しています。人間力の差でしょうか、気がつけば木村さんという水溶液と同じ濃度になっているような感じです。その「心の浸透圧」の高さにつくづく驚かされます。

以前、私が「アウト×デラックス」に出演することになった時に、やはり滅多にない全国ネットの機会だから落語家らしいことをしたほうがいいだろうと、木村さんに具体的アドバイスを求めました。で、返ってきた答えが、「バラエティは、まな板の上の鯉《こい》になることです」。

この一言で妙に力が入り過ぎだった肩の強張《こわば》りやら、悪い意味での気負いが一気に抜けたような心持ちになりました。やはり言葉の達人です。おかげで普通にあの番組の主旨に則っていじられることができました。やっぱりこの人も女性のみならず男性からも愛される「人たらし」であります。

さて、ここまで「男性目線」でずっと述べてきましたが、ここからは女性向けに、「モテる女性になる秘訣」みたいなものを書いてみます。考えてみれば、こちらの方が、男性としての立場で率直にものが言える分、私にとっては言いやすい領域でもあります。

まず男性として「こうされれば嬉しい」という前提でもありますが、日本の男性は私も含めてすべてマザコンであることを認識しましょう。「日の本は岩戸神楽の昔より女ならでは夜の明けぬ国」と古くから詠まれています。

また、特攻隊員の遺書などを読むとほとんどが母親に宛てて書かれた内容です。母と息子の関係はこの国では濃密です。やはり何のかんの言っても女性が仕切ってきた国なのです。「男はカネや名誉などの権力を持っているから女より強い」と考えるのは違います。

そんな権力を男が持ちたがるのは女にモテたいからですので、主導権はやはり女性が握っていると考える方が自然です。また落語の設定のほとんどが、「しっかり者の女房にだらしない亭主」という図式です。志ん生師匠は「火焔太鼓《かえんだいこ》」の中で「男のバカと女の利口はつっかう（支え合う）」と男女の真理を言い切っています。我が家をはじめほとんどの落語家の夫婦がそんなコンビであります。

何が言いたいのかと言うと、女性であるというだけで先ほどのあだ名同様、高ポイントをゲットしているとまず心得てください。ここで「自信」を持ちましょう。つまりイメージ的にいうと男性より高い位置に最初からいるのが女性とも言えるのです。

そして更にここからですが、先ほど言ったように**どんな男性も基本マザコンゆえ、その高い位置から「母親モード」で接してくると弱いもの**なのです。上から目線でも構いません。自分が気になる男性の母親になったつもりで向き合ってみましょう。

何度もいうのですが、バイタリティのある男性ほど実は孤独です。高い位置から包むようなイメージで、母親が駄々っ子をあやすような感じで語りかけるのを心がけてみましょう。

なんで男性が銀座のクラブに高いお金を払ってまでゆくのか考えてみましょう。聞いたところによると、若くてピチピチした女性が人気ナンバーワンになれるわけではなく、やはり聞き上手がモテるとのことです。

元来孤独な男は、そういう「この人なら自分のことをわかってくれそうだなあ」と感じたところで羽根を休めようと本能的にそんな場所を探し続けているのかもしれません。

相手が悩みを打ち明けるように上手に仕向けるとでも言いましょうか。そしてさんざん苦悩を男性に語らせておいて、この殺し文句をぶつけましょう。「あなたともあろう人が、そんな小さなことで悩んでどうするの？」と。

これはフィニッシュホールドです。男がボクサーだとしたら、お母さん的名セコンドの地位を狙ってみましょう。美醜や年齢などはさほど気にすることはありません。

男はいつでも自分を大きく見せたがる生き物です。女性にほめてもらいまくって一生を終えたいと実は願っています。小さい頃は母親であり、所帯を持ったらカミさんであり、カミさんに隠れては銀座のママさんであり、池袋のキャバ嬢であり、赤羽のホステスでありと（妙にリアルになってしまいまして申し訳ありません）。

つまり精神の均衡を保つだけで高いカネを払ってしまうんですな。女阪曽呂利新左衛門を秀吉たる男は求めているとも言えます。モテる秘訣、これは男女問わず要求されるのはやはり「安心感」なのでしょう。男性も女性も同じなんですな。「安心感を与えて、相手に愚痴や悪口や自慢話を言わせるようにして、徐々に弱みを握ってゆく」。「男グセが悪い」とか「女グセが悪い」とか言う前に、「人間グセ」を良くしたいものですな。

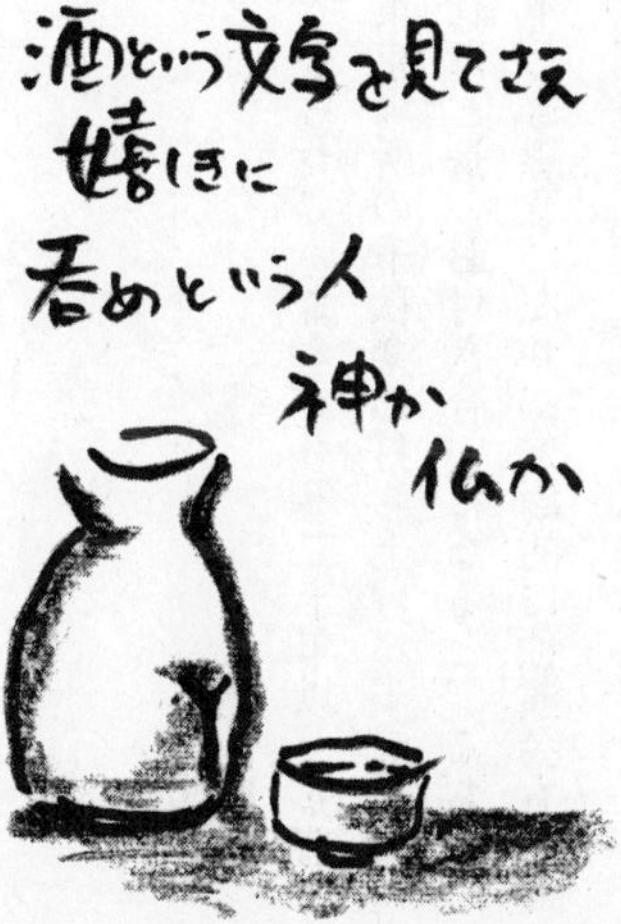
酒という文字を見てさえ
嬉しきに
呑めという人
神か
仏か

逆から見つめてみよう

元大関霧島の陸奥《みちのく》親方と仲良くさせてもらっています。もう二十年以上も前からでしょうか、毎年一月、五月、九月の東京場所の千秋楽の打ち上げパーティの司会をずっとやらせてもらっています。これほど長いお付き合いになると、こちらの部屋を通じて知り合った居酒屋のマスターとも懇意になり、定期的に独演会も開催してもらうなどの展開にもなっています。

師匠は、真打のお披露目パーティでも言っていましたが、「落語家なんか相撲取りに比べたら、かわいがりやすいもんです。相撲取りの十分の一ぐらいで済みます」などと言っていました。やはり相撲も落語もともに「江戸の風」を尊ぶ世界ゆえよく似ています。

バックボーンが同じせいか、落語家とお相撲さんとはすぐ仲良しになれます。先日も、仲良しの陸奥部屋のお相撲さんと食事に行きました。共通項は「上下関係が厳しい徒弟制度」「師匠が怖い」「無茶ぶり」などなど、意気投合し、楽しい酒へとなりました。

ただ、ここで困惑させる事態が発覚します。落語家、相撲取りも基本的に、「酒宴の席では、お客さんがおごる」というシステムです。これは、落語家の場合は「酒席でも相手を楽しませる」ということの代価であります。お相撲さんの「ごっつぁんです」という決まり文句は、「タニマチにお旦《だん》として自覚させている」という意味ではやはりオン・オフでいうとオンの場なのです。

お客さんが全額を出すという行為は、周囲のお客さんやお店の人から「あの人はお相撲さんを連れて歩ける身分＝裕福な立場」というアピール料に相当します。つまり落語家もお相撲さんも、飲み会の席でもお仕事モードなのです。

さあ、終盤に近づいていた頃です。「誰が、ここの代金を払うのか」。微妙な空気が流れました。お相撲さんは既に「ごっつぁんですモード」であります。まさに、「見合って。見合って」の状態でした（笑）。無論、これは冗談で、私の子どもみたいな年齢の子達ですので、最初から私が接待するつもりではありましたが。

さて、プライベートでもかような形で親交が深まると、彼らのタニマチ各位が彼らに叱咤激励《しったげきれい》していた中で、ズシンと響く言葉に接することがありました。

「相撲取りは、稽古が仕事なんだぞ。本場所の相撲は集金活動だ」

これ、落語家にもあてはまります。**落語をやっている状態の時は、集金時間とした場合、本当の仕事は稽古の時**なのです。オンとオフの概念が入れ替わる素晴らしい言葉だなあとつくづく思いますよね。

これは、「稽古」＝準備期間と置き換えると、一般の皆さんのお仕事にも通じます。資料を作って得意先にプレゼンする立場のお方をここで想定してみますと、「プレゼン」するのが仕事ではなくなり、「資料を作ったり、根回ししたりと、要するに表に出てこないこと」を仕事のメインに据えてみると、「プレゼン」の場は本場所になります。こっちの方がなんだかお相撲さんになった気分で、気合いも入りそうな気がしますよね。

で、「勝負は時の運」とむしろ腹もくくれるでしょうし、負けたら負けたでそれは「時の運だから」という潔さも生まれ、落とした相手を怨んだり、あるいは自分を否定して落ち込んだりすることもなくなるのではないでしょうか。切り替えもうまくなります。

これ、仕事の考えそのものの座標軸を変換してしまう可能性すらあるすごい言葉を承《うけたまわ》ったものだなあと、いまだにそのお方に感謝するばかりです。

また陸奥親方も、現役時代下積みが長かったという点でも非常に私自身シンパシーを感じ、素直にリスペクトする方なのですが、打ち上げパーティの冒頭で「立ち合い変化して勝った力士にはむしろ小言を言う。正々堂々ぶつかって負けた力士はむしろほめる」という実に含蓄《がんちく》のある挨拶をしたことがあります。

これも先ほどの「稽古が仕事」と合わせて考えてみた場合、見事なパラドックスです。つまりは、「日々の地道な目立たない物やことこそ仕事として真面目にこなす」一方、「人前に出る華やかなところでの対応はうって変わって時の運にまかせて思い切りぶつかる」という「メリハリ対応」へと発展させられそうな気がするのです。

このロジックを更に飛躍させてみると、「失敗」や「成功」という二律背反《にりつはいはん》の概念というか感覚の定義が消え去ります。積み上げ抜いた上での「失敗」とは、「そういうやり方で進めていくとしくじるよ」というメッセージなのですから、「成功」であるとも言えます（受け止めるにはかなり辛《つら》いことではありますが）。逆に、たまたまうまくいって勝っただけの「成功」は、「かような痛い経験を積まずにゲットしたもの」ですから、いい気になってそのまんま行ってしまい、「大失敗」をすることにも結び付きかねません。

若くして、才能を開花させてしまった人が、勘違いして、つまずきクスリに溺《おぼ》れるケースなどもあります。こう考えると、短絡的に勝った負けたなどとは言わない方がいいのではないかとつくづく思えますよね。考えてみたら、こうして、逆から見ることってとても大事なような気がします。

「逆もまた真なり」どころか、むしろこんなに入り組んで複雑な世の中は「逆こそ真なり」かもしれません。

師匠は「酒が人間をダメにするんじゃない。人間というものはもともとダメなものだということを酒が教えてくれるんだ」と名言を吐きました。見事なパラドックスです。「世の中、カネじゃない」と言っている人こそ実際稼いでいます（これは私の名言です）。

こういう考えをしていると「悩み」なんかも対処次第のようにも思えてくるから不思議です。もっと言うと、「正しい悩み方をしていないから悩むんだ」ということです。これまた師匠の言葉ですが、九州地方を師匠と巡業に行っていた時に、主催者側が準備不足と宣伝不足でお客さんの入りが少ないことを師匠に詫び、涙も流さんばかりに恐縮していました。

師匠は、その時こう言いました。「いいんだよ。気にしないで。来なかったお客が悔しがるようなことをやればいいだけだ」。そして、前座として付いていた私には「お前も、よく見ておけよ」。

しびれました。その日の「らくだ」は本当に来なかったお客さんが、落語好きならば必ず後悔するであろうという絶品そのものでした。

凡百の芸人ならば、お客さんの少ないところで「俺の芸はこんなもんか」と卑屈になるかもしれません。また、「なんでもっと集めないんだ」などと、主催者側のそんな不備をなじるかもしれません。ただそうやってしまったら、誰も喜びません。

やっぱり天才談志は「悩み方マイスター」です。一気に「お客さんの少ない現状」を、未来に向かって問題を打破してしまうのです。この切り替え方は、絶対見習うべきではないでしょうか。これ、師匠は勿論、来たお客さんも、主催者側も、そして弟子である私も、みんなが笑みになる素晴らしい言葉ですよね（ほんと談志の弟子になってよかったなと思いましたっけ）。

無論、天才の言動ですからなかなかマネはしにくいのでしょうが、「一生懸命やっていい芸（仕事）を続けていれば、絶対お客さんは来る。それを信じろ。誰かは必ず見ているぞ」という大きなメッセージは、耳を傾けるべきだと確信します。この言葉、いつも自分に言い聞かせています。

人生は逆襲だ~マイナスでも「すべて才能」

「人生は野球」と定義しました。ならばその醍醐味は逆転、逆襲にあるはずです。

私はいま五十歳。中学生の長男や次男から見ると、「校長先生の年齢だよ」と言われ、衝撃を覚えています。「五十、六十、鼻垂れ小僧」と呼ばれる古典芸能の世界で生きているゆえ、自分より一回り以上も年上でありながら血気盛んな一門の先輩方を見ると、まだまだガキでいられるなあと思ってはいるのですが。

ま、ウェイトトレーニングに日頃から明け暮れているのはそんな理由でもあります(アンチエイジングという無駄な抵抗をしているだけかもしれませんが)。

さて、五十歳の私なら、人生の五回途中ぐらいの感じですから、まだまだラッキーセブンの攻撃を控え、逆転、逆襲の機会は狙えると肝に銘じています。

長いペナントレースとしてとらえた場合でも「本当の勝負はオールスター明け以降」と言われています。その時までに五分五分でいけば優勝ラインに残れるというぐらい、やはり、人生の醍醐味はその後半戦にあると見て間違いないようです。

特に私の場合、二十五歳からの前座九年半という異様に長い下積みは、いわばコールドゲームになりそうなくらいに一イニング以上も一方的に攻め込まれた時期です。よくもまあ、堪《た》えたものです。

普通のお笑い芸人だったらそんな時期が長く続いたとしたら、才能のなさを悟り、別の道を選ぶような対応を迫られてもいたはずです。そんな思いがあるから、「この劣勢をいつか取り返そう、いや、落とし前をつけなければ、逆転できないのだ」という強迫観念がずっとつきまとっているのです。

今、ここで開き直りにも似た思いが芽生えてきました。もしかしたら、前座九年半というのは、自分の「才能」ではないのかと。才能って何も「人より優れた部分」だけではないのではないか。人と違うのが才能ならば、人より劣っている部分も立派な「才能」ではないか、と。

大事なのは、その才能をマネタイズ（要するに、お金に変えてしまうこと＝つまり、ビジネス化させること）してしまうことこそ本当の「才能」ではないかと。

そう考えると、やや飛躍しますが、親鸞の「悪人正機説《あくにんしょうきせつ》」がここで響いてきます。悪人正機とは、ウィキペディアによると、

「浄土真宗の教義の中で重要な意味を持つ思想で、〝悪人〟こそが阿弥陀仏の本願

（他力本願）による救済の主正の根機であるという意味である。阿弥陀仏が救済したい対象は、衆生である。すべての衆生は、末法濁世を生きる煩悩具足の凡夫たる『悪人』である。よって自分は『悪人』であると目覚めさせられた者こそ、阿弥陀仏の救済の対象であることを知りえるという意である」

わかりますか？　少し難しいので、「悪に強ければ善にも強し」ということわざを補助線にしてみると、わかりやすくなるかと思います。

要するに、この場合は善悪ですが、才能も同じように、優劣というプラスマイナスでなく、大事なのは「絶対値」なのです。要するに大きさなのです。小さな優は大きな劣に負けるのです。かような「絶対値こそ真理」という人類の普遍的な本質を親鸞は見切っていたのではないかと思うのです。

自分に都合よく曲解しているのかもしれませんが、「ダメなものやダメなことも才能だ」という慰《なぐさ》めが理詰めで肯定されたような前向きな気持ちになれるはずです。前座九年半という恥ずべき過去ですが、そのおかげでいまこうして本も書けて、不遇の日々に悩みながら送る方々を元気づけられるのですから。**「人と違っているところはたとえマイナスでも才能」**なのです。

「埼玉では仕事がない」「何やってもドジ」「女性にも振られてばかりいる」「昇進

試験に落ち続けている」「レギュラー番組が長く続かない」ような方々（みんな私にあてはまります！）は、そんな経験を「健康的な闘病記」でも書くようなつもりになって、同じ系統の病で悩む人のために書き記せば立派なマネタイズです。

　地方の本屋さんの片隅に行くと必ず「郷土の偉人伝コーナー」があります。これはネタですが、その脇に、たとえばその郷土出身で世間を賑《にぎ》わしてしまった犯罪をしでかした人たちが、罪を償《つぐな》った後に、「なぜ私はこうなったか」というような手記などを出版しそれを展開させれば、出所後の再チャレンジにもなり、何よりも、その地域の子どもたちがそれを読んで、

「あ、偉人みたいな刻苦勉励《こっくべんれい》は無理だけれども、これをしなければいいんだ」

というセーフティネットにもなり得るのではないでしょうか。

　落語「天災」のマクラでは師匠は「殺さないだけで立派な親孝行」とまで言い切っています（無論、世間を震撼《しんかん》させてしまったような殺人事件などとは一線を画すのが前提ではありますが）。確かにすばらしい郷土の偉人伝を読んで感動する積極的な子どもは無論いますが、そんな子ばかりではありません。

　それを読んで、中には「この人みたいにはなれないなあ。俺とは違うよ」と、萎縮して、絶望感すら覚えるような子だっているはずです。そんな時、「郷土の恥ず

べき失敗者の失敗談」を読んで、「こんなバカなことさえしなきゃいいんだ」という消極的な作法を学ぶことは決してマイナスではないはずです。「失敗は財産」、つまりはやはり才能なのです。

今後、人工知能が行き渡り、人間をますます苦痛から解放してゆく世の中になるはずです。仲良くさせていただいているバラエティプロデューサー、角田陽一郎さんは「苦痛の代価としての仕事は今後なくなる。楽しいことしか仕事にならない時代がすぐにやってくる」と断言しました。全くその通りだと確信します。

「ハンディキャップは武器になる」

そう心の中でつぶやいただけでも、自分の立ち位置を冷静に、客観的に分析する心構えになれるはずです。見方を変えれば財産は誰にも山のようにあるはずです。いままで虐《しいた》げられて来た人たち、失敗だらけの人たち、これはチャンスです。

ボクシング世界チャンピオンの徳山昌守さんも言ってました。

「チャンスはピンチの顔をしてやってくる」（勿論「ピンチはチャンスの顔をしてやってくる」も真実です）

やはりチャンスは平等なのです。

あとがき――「フィールド・オブ・ドリームス」

さあ、いよいよ、この本もラストとなりました。ここまで私の能書きと仮説にお付き合いいただいた皆さん、本当にありがとうございます。あともう少しですからご辛抱ください。

さて今回ここまで書いてきて、つくづく「めんどうくさいって奥が深いんだなあ」という実感を持たせていただきました。そもそもが、二十年来仲良くさせていただいていた「本所おけら長屋シリーズ」（PHP文芸文庫）の作家、畠山健二さんのイベントがキッカケでした。

そこで知り合ったのが、今回この本の編集としてずっと向き合ってくださったPHP文庫出版部の根本さんです。根本さんと飲みながら「めんどうくさいって意味が広いですよねえ。この言葉にフォーカスすれば本が書けるかもですね」と盛り上がったのに端を発しています。

あれからいろんな角度でこの使い慣れすぎた言葉を見つめてきました。そして、一番最後の段になってやっとわかったのが、「めんどう」とは、臭いから「くさい」と否定するものではなく、じっくりと「見てあげる」ものなんだなあということです。嗅覚《きゅうかく》ではなく視覚から「めんどうな人やモノ」に接して（あるいは、上手にかわして）、うまいことやっていくものだという真理にたどり着いたような感覚を、いま味わっています。

あとは、しみじみと『おおきなかぶ』の童話を反芻《はんすう》しています。

「おじいさんが大きくてあまいかぶを育てようと畑に種をまいたら、一株のおおきなかぶができあがって、おじいさんが引き抜こうとしても抜けない。おばあさんが手伝っても抜けない。孫むすめを呼んできて手伝わせたが、まだ抜けない。孫が犬を呼んできて手伝わせても抜けない。今度は、猫を呼んできて引っ張っても抜けない。猫がネズミを呼んできて、やっと抜けた」

という、あらすじだけ読んでも簡単な実に他愛ないロシア童話であります。でも、でもでもです。なんでこの単純極まりないこの話に、老若男女がかくもときめくのでしょうか。これは、「人間頑張っていれば、必ずきっとその後ろにはサポートしてくれる人が現れてくる」ということをさりげなく主張しているからではないでしょうか。そこが感動の原点なのです。

落語の真理を追究しようとしていた師匠が、この話のおじいさんに当たるでしょう。そして弟子たちをはじめとする落語家が、おばあさんやら、孫むすめというおじいさんの後ろからそれぞれ力を合わせて一緒にかぶを抜こうとしている人や動物たちに相当します。**すべては一人の人間の狂気と冒険から始まった**のです。

いや、これは、この本を読んでいるあなたをおじいさんに置き換えれば、「あなたが人生の難問をはじめいろんな場面において、『めんどうくさい人やモノ』に、あなたが主体となって必死に取り組んでさえいれば、必ず後方支援はありますよ」という予言でもあると訴えているのです。

つまりは、「とにかく心配するな。前だけ向いて、必死に取り組みなさい」ということなのです。

そんな思いが強くなりつつある佳境の頃、編集の根本さんから「この本は、真面目でおとなしい人の救いの本になりそうですね」というメールが来ました。「そっか、いつの間にか、人のために書いていたのか」と。このストレス社会において一番ワリを食っているのがそんな「真面目でおとなしい人たち」だと確信します。

そんな人たちにただ「前向きに生きろ」なんて言えるわけありません。無責任すぎます。いささか極論ですが、前向きに生きられないから、真面目でおとなしい生き方をせざるを得ないのですから。そんな貧乏くじを引いたような人たちが、読んだ後笑顔になるような本を書こうと、更にエンジンがかかり、一気に書き終えてしまうことができました。

「あれ、待てよ」。ここでふと、「自分も考えてみたら、入門前からとそしてその後しばらくまでは、真面目でおとなしい側の人間だったんだよなあ」との思いがよぎりました。師匠に鍛えられた「精神改造」とジム通いでの「肉体改造」の二つのおかげで、「真面目でおとなしい」人間から「クソ真面目で、うるさい」芸人へと、対応力を磨いて変化したんだよなあ、と。

そっか、自分自身がここまで言ってきたような「健康的な闘病記」で「精神肉体両面での体質改善」を果たしたのです。無論、それは目下継続中でもあります。

ここまで来ると、いろんなものがつながり始めるから不思議です。ドキュメンタリーで自分の過去の失敗談を、こうしていろんな方々に伝えようとしているうちに、具体的な読者像が思い浮かび、夢かうつつか、一人の野球帽をかぶった少年に遭遇しました。一瞬自分の長男坊かと思いましたが、違っていました。

私は声をかけてみました。

「君、何歳?」

「十四歳」

「へー。どこの中学？」

「いや、働いているんだ」

言ってることがかみ合っていなかったのですが、それは、どうやら、一昨年亡くなった少年時代の私の父親でした。

「おとうちゃんは、十四歳から家族のために働いていたの」

お袋から小さい頃に聞かされていた話でした。満州事変の次の日に生まれたとい

う父は、日本のひずみをモロに食らう格好で高等小学校を卒業して働き始めました。

「厳しい先輩から金槌《かなづち》で頭を叩かれながら仕事をしてきたのよ」

そういえば祖母はいつも「ふじ（父の愛称）には学校に行かせてやりたかった」

と言っていましたっけ。「真面目でおとなしい」父は、以来定年の五十五歳まで四

十一年間もの間、同じ会社で働き続けました。私と弟の学費を稼ごうときつい環境

の職場も辛抱して勤めた結果、宿痾《しゆくあ》のような公害病を背負い込んでしまいました。

それでも苦しい中、私と弟とお袋、そして孫たちの幸せだけを願う、いつもにこ

にこしながらたたずんでいるような優しい父でした。反抗期特有の反発で、「親父

みたいなサラリーマンにはなりたくない」と思った時期もありました。「もっと要

領よくすいすい行くぜ」と。

でも、血は争えません。やはり親父に似て、五十過ぎても不器用な人生街道をひた走っています。「同病相憐れむ」のでしょうか、前座九年半の時、くじけそうになった時、いつも優しく励ましてくれたのが父でした。

ここで、私がこの本を書いてきた意味がやっとわかりました。

「これは、親父のような、真面目で不器用でおとなしくて無骨な人に安らぎと自信を与えるために書いているのだ」

と。人生を野球にたとえてきましたが、あの野球の素晴らしさを描いた映画『フィールド・オブ・ドリームス』のエンディングが待っていました。「夢を実現しようとうもろこし畑を野球場にした主人公の元に、訪れたのは、志半ばで野球界を去った、主人公とケンカ別れしたはずの若き日の父親だった」というあれです。

「君、俺の本、きっと君のこれからの人生に役立つよ」

「ほんとかな?」

やはり自分に似ています。鏡を見ているような気分です。

「昨日、初めての給料が入ったんだ。じゃあ買うよ」

その少年はぶっきらぼうに言いました。野球帽をおもむろに取ると、頭には傷が

ありました。私は胸が詰まり涙がこみ上げてきました。踵《きびす》を返したその少年に、

「ねえ。君」

「？」

「きっと、これからいいことあるよ。君は長生きする。いろいろあるけど、めんどうくさいけど、いい子どもに恵まれる」

　きょとんとして、少年は去って行きました。

　うつつなのか、まぼろしなのか。そんな父親のような「真面目でおとなしい人たち」のために書いた本が、結果として出来上がりました。

　北島三郎さんの『歩』という歌があります。一番好きなサビの部分が、「だけど勝負は一対一よ　王将だろうとなんだろと　後にゃ引かない俺のみち」という箇所です。

　後には引けませんが、もうだめだと思ったら、時には後ろを振り返ってみましょう。きっとあなたのサポーターがついているはずです。きっと「めんどうくさかった人やモノ」が今度は加勢し応援する側に回っているはずです。

　あなたの人生は一人ではないのです。いつか「と金《きん》」となって大暴れしましょう。そんな日は必ずやってきます。

著者紹介
立川談慶（たてかわ　だんけい）
1965年長野県上田市生まれ。慶應義塾大学経済学部を卒業後、(株)ワコールに入社。３年間のサラリーマン経験を経て、91年、立川談志18番目の弟子として入門。前座名は「立川ワコール」。2000年に二つ目昇進を機に、「立川談慶」となる。05年、真打昇進。慶應卒の初めての真打。
著書に『大事なことはすべて立川談志に教わった』（KKベストセラーズ）、『この一冊で仕事術が面白いほど身につく落語力』（KKロングセラーズ）、『いつも同じお題なのに、なぜ落語家の話は面白いのか』（大和書房）などがある。

〈立川談慶HP〉
http://www.ued.janis.or.jp/~soroban/dankei/

本書は、書き下ろし作品です。

PHP文庫 「めんどうくさい人」の接し方、かわし方
師匠談志と古典落語が教えてくれた

2016年7月15日　第1版第1刷

著者　立川談慶
発行者　小林成彦
発行所　株式会社PHP研究所
東京本部　〒135-8137 江東区豊洲5-6-52
文庫出版部　☎03-3520-9617(編集)
普及一部　☎03-3520-9630(販売)
京都本部　〒601-8411 京都市南区西九条北ノ内町11
PHP INTERFACE　http://www.php.co.jp/
組版　朝日メディアインターナショナル株式会社
印刷所
製本所　共同印刷株式会社

 ISBN978-4-569-76590-7